知识的源泉
——布哈拉

蓝 琪 著

图书在版编目（CIP）数据

知识的源泉：布哈拉 / 蓝琪著 . — 北京：商务印书馆，2021
（丝瓷之路博览）
ISBN 978-7-100-19921-6

Ⅰ. ①知… Ⅱ. ①蓝… Ⅲ. ①文化史－乌兹别克 Ⅳ. ① K362.03

中国版本图书馆CIP数据核字（2021）第082129号

权利保留，侵权必究。

知识的源泉
——布哈拉

蓝琪 著

商 务 印 书 馆 出 版
（北京王府井大街36号　邮政编码100710）
商 务 印 书 馆 发 行
北京富诚彩色印刷有限公司
ISBN 978-7-100-19921-6

2021年8月第1版　　开本 880×1230　1/32
2021年8月第1次印刷　印张 7 3/4
定价：48.00元

左：赛典赤，右：赛典赤墓

雅克古城堡

布哈里纪念馆(《丝路之半》)

布哈拉城的丝路茶屋

布哈拉的首饰

现代派图案的地毯

四塔清真寺细部

埃米尔夏宫中的阿哈德宫正门

哈纳克大市场大门(《丝路之半》)

哈纳克大市场

卖胡琴的手艺人

纳迪尔 – 迪旺贝基经学院晚景

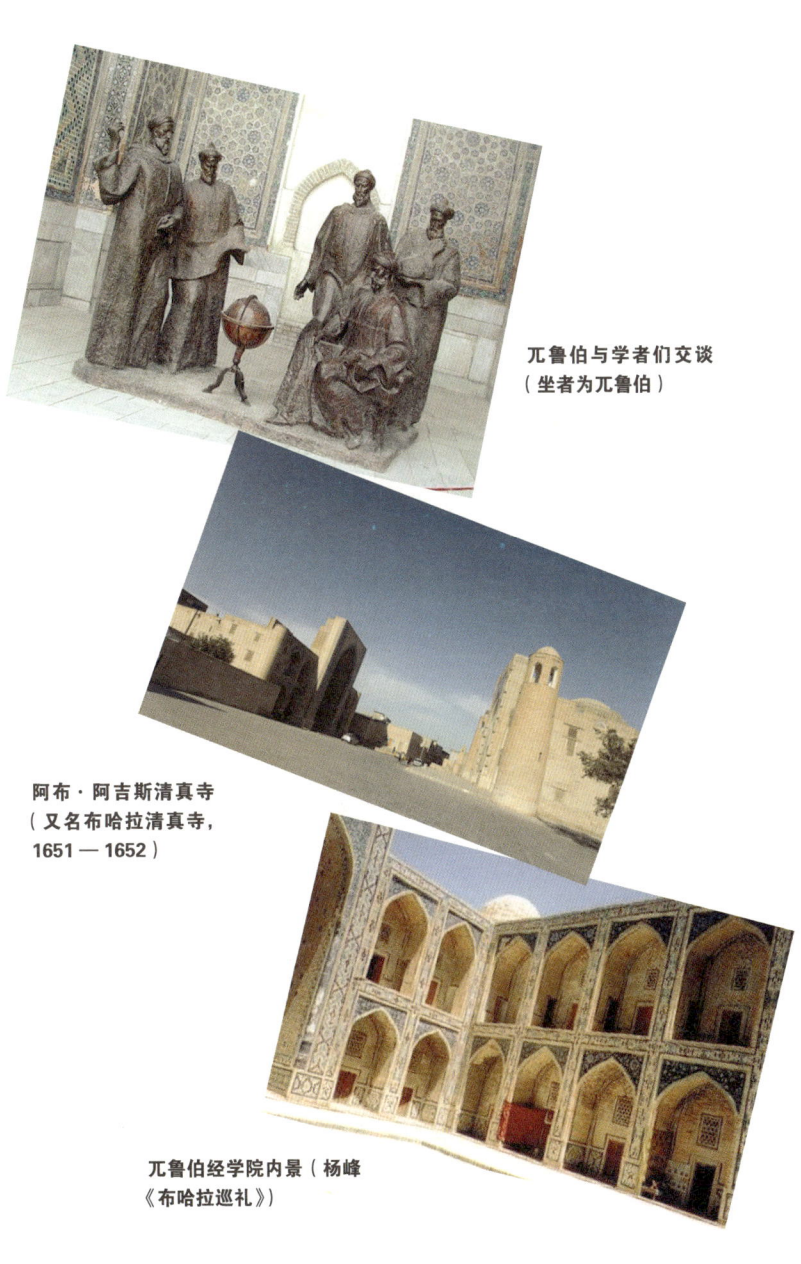

兀鲁伯与学者们交谈
(坐者为兀鲁伯)

阿布·阿吉斯清真寺
(又名布哈拉清真寺,
1651 — 1652)

兀鲁伯经学院内景(杨峰
《布哈拉巡礼》)

伊本·白图泰（1304—1377）

志费尼（1226—1283）

帖木儿骑兵

乌兹别克斯坦货币（阿尤布陵）

阿利姆宫外部（二层楼的国王寝宫是东西融合的建筑）

引　子

说中亚的历史文化不可不说布哈拉城！静卧在欧亚大陆腹地中的布哈拉城面积不大，人口24万左右，只能算一个小城镇。然而，由于在她的地面上留下了中世纪的一座座建筑，使她"完整地保存了其城市的肌理，成为中世纪中亚城市中保存最完备的典型地区"（联合国教科文组织评语），如今布哈拉以历史文化古城的面貌在当今世界仍有一席之地。

两千多年来，布哈拉城获得的美誉不止一个，最响亮的当数"中亚明珠"。此外，独具象征意义的称呼就太多了：因蕴藏丰富的历史古迹而获得了"城市博物馆"之名；因以蓝色为基调的建筑，有了"蓝色布哈拉"的浪漫之名；因曾经给穆斯林带来了荣耀，又被誉为"中亚的麦加——圣城布哈拉"；因出了世界级学者和艺术家，又有了"布哈尔"（意为"知识的源泉"）之称；因大学者布哈里对伊斯兰教理论的贡献，又获得了"伊斯兰的穹顶"的盛名；因布哈拉城民不紧不慢的生活节奏、优雅的步态和有分寸的谈话方式，又博得了"绅士布哈拉"这一温文尔雅的名字。除了以上各具特色的称谓外，还有一些宽泛的称谓，如"文化宝地布哈拉"、"高贵之城布哈拉"、"博学之城布哈拉"，等等。

对于一个要写布哈拉城的人来说，这么多好听的名字摆在面前，无疑是天赐福缘，随便挑一个大概就可以赢得很多读者。然而，选择太多也让人眼花缭乱、莫衷一是，用哪一个名称才能够恰如其分地反映布哈拉城的真实面貌，这是本书遇到的第一个难题。

如果说，一座城市与一个人一样有着区别于他者的气质，那么，布哈拉城与中亚其他城市的不同之处在于它的文化积淀。布哈拉城自古就是一个多元文化汇集、交融之地，文人墨客在此求学、讲学、交流、讨论、切磋，经过一番历练，走出去便成了世界级的大学者。于是，布哈拉成了学者的批发市场，成了欧亚内陆的知识源泉。波斯史学家志费尼曾经这样描述布哈拉："在东方群邑中，它是伊斯兰的圆屋顶，那些地方的和平城。它的四方有博士和律师的灿烂光辉作装饰，它的周围有高深学识的珍宝作点缀。自古以来，它在各个时代都是各教派大学者的汇集地。"如此看来，"知识的源泉——布哈拉"可能比较适合她。

也许这一定位不为今人赞同，特别是治欧洲史的学者们！

引 子

从文化发展史的角度来看,能够配得上这种殊荣的只有作为西方文明源头的古希腊城邦。今天西方的历史、建筑、科学、文学、戏剧、雕塑、哲学,都可以在古希腊城找到它们的源头,因此,古希腊城邦是当之无愧的知识的源泉。长期以来,但凡与知识有关系的,均"言必称希腊",没听说过布哈拉?!从宗教发展史的角度来看,布哈拉又怎么能与三教圣地耶路撒冷城和伊斯兰教的麦加城相提并论呢?!

然而,坐落在沙漠绿洲上的布哈拉城确实起到了与以上城市一样的功能。在古代,去布哈拉城求学是学者们的梦想,虔诚且有眼光的穆斯林都把自己在学业上有成就的儿子送往布哈拉城深造。学子们穿沙漠、越高山、走戈壁、跨峡谷,经数月甚至数年之艰辛奔波,骑马或徒步来布哈拉求学。定格于欧亚内陆空间,给予布哈拉城这样的名字应该是恰当的。位于中亚西部的布哈拉城,在伊斯兰教降临之前是一个与伊朗波斯政权关系密切的、受邻邦文化影响的东伊朗地区,是一个可以接受地中海、印度和中国文化思潮辐射的地区,是定居物质文化成就渗入草原的一扇大门;在伊斯兰教驻足中亚以后,布哈拉城经历了阿拉伯军队扩张所带来的政治和文化动荡,作为一座游牧与定居过渡地带的城市,布哈拉将在文化成果的传播中起到的作用并不是消极的,进入草原地带的伊斯兰文化在此接受了布哈拉人的影响和改造。

知识的源泉——布哈拉

当我还在为本书书名的确定有些不自信之时,在网上看到了曾去布哈拉城游历的杨峰先生的文章《布哈拉巡礼》,他对布哈拉城的感受让我对自己的选择增强了信心。以下是他的叙述:"不论在街头公园的长椅上还是公共汽车的座位上,人们总在读书。以至于会让你疑惑:这座城市是不是整个就是一所开放的大学。……我终于明白并且深刻理解了,布哈拉之所以能最终成为中亚著名的历史文化名城的全部内涵和精神底蕴,明白了为什么绵绵几百年了,无数的穆斯林学子和各种类型的文化人总是怀着敬意,抱着期望,揣着向往,不断地走近它,以求更亮地点燃生命的光华……"于是,本书最终选用了"知识的源泉——布哈拉"这一名称。

目 录

第一章
钩沉岁月

 偏离丝路的古城
   ——时空介绍 / 2
 静卧绿洲的明珠
   ——早期的社会经济、文化、政治 / 11
 崭露头角的城邦
   ——早期政权及与中国诸王朝关系 / 21

第二章
历经苦难

 腥风血雨的日子
   ——阿拉伯人的征服与统治 / 32
 射向天空的光芒
   ——伊斯兰教的传播与布哈拉的贡献 / 42
 东西扩展的城市
   ——城堡、内城和外城 / 50

第三章
显耀荣光

登峰之作的萨曼王陵 / 58

坚实城墙的伊斯迈尔 / 63

国际视野的纳斯尔 / 70

划过天际的流星 / 74

光芒四射的群星 / 80

第四章
继往开来

承上启下的突厥政权

　　——游牧汗国的统治 / 90

气势恢宏的城标建筑

　　——卡梁建筑群 / 93

突厥元素的伊斯兰化

　　——伊朗—突厥—伊斯兰 / 99

国中之国的布尔罕朝

　　——独立政权及花剌子模国的统治 / 105

第五章
历经曲折

1220 年的一把火 / 110

1238 年的大起义 / 121

1259 年的萁豆相煎 / 130

1370 年的帖木儿复兴 / 137

第六章
再度辉煌

重铸辉煌的一百年
　　——昔班尼王朝——建筑、文学 / 146
名垂史册的丰碑
　　——札尼王朝的建筑和文学 / 157
记录辉煌的史学
　　——札尼王朝的史学成就 / 166

第七章
苍茫暮色

不合时宜的埃米尔们 / 174
大博弈中的明争暗斗 / 181
大博弈中的武力征服 / 190

第八章
凝重从容

纵浪大化中的不喜不惧 / 200
战火中幸存的城市原貌 / 207
文化的源泉 / 212
布哈拉的女儿 / 221

宣礼塔

第一章

钩沉岁月

布哈拉是一座具有两千多年历史的古城,如今是乌兹别克斯坦共和国西南地区布哈拉州的首府。20世纪末,她以厚重的历史积淀和文化底蕴赢得了世界的认可。1993年,联合国教科文组织将她那布满人类历史遗迹的中心地区列入了《世界遗产名录》;1997年,联合国教科文组织发起纪念布哈拉建城2500年的一系列活动。然而,遗憾的是,布哈拉城最初一千年的故事已破玉锤珠,沉落在历史的长河中。今天,我们已经无法构建一部完整的布哈拉史,有关她早期的情况只能从散落各地的零星记载中、从口耳相传的传说中、从新近发掘的考古资料中去了解。

偏离丝路的古城
——时空介绍

无论谁，让世界认识你的最好方式可能是说说你的历史。布哈拉城的历史到底有多长久，至今没有定论。布哈拉城最古老的遗址是雅克城堡，考古学家们的发掘证实它始建于公元前1世纪（又有公元前3世纪之说），因此，根据它的年代推算，布哈拉城的历史有2100年或2300年；从文献资料的记载来看，布哈拉城的历史还可以再往前推一百年至两百年。公元前4世纪，在亚历山大东征撒马尔罕城之时，抵抗希腊军队的撒马尔罕城民节节败退，其中，由首领斯皮塔米尼斯率领的主力部队向西撤退到粟特地区（今锡尔河与阿姆河之间地区）的冬宫；根据地理位置推断，冬宫指的是布哈拉城。由此推算，布哈拉城与撒马尔罕城一样有2500年的历史。如今有2500年历史的城市不多，列入其中的布哈拉城可算是具有悠久历史的城市了。然而，几乎所有的布哈拉人都认为，他们的布哈拉城的

第一章 钩沉岁月

历史超过了 3000 年！这种执着的信念使考古学家们至今还在布哈拉城的地上地下忙个不停。

考古学家的辛勤劳动虽然未能成功地将布哈拉城的历史再往前推，但他们的工作也是有成果的。考古发掘证实，与撒马尔罕城曾经发生过南移不同，布哈拉城自建立以来，到沙俄帝国占领之前，雅克城堡所在之地一直是布哈拉统治者居住和执政的地方。据说，7 世纪的布哈拉女王曾在此率兵迎战阿拉伯人；13 世纪的布哈拉人在此进行了抵抗蒙古人的惨烈战斗；不过，目睹这些战争场面的城堡早已化为尘埃，今天参观者看到的城堡是 18 世纪末期曼吉特王朝第三任埃米尔建造的。

尽管布哈拉城与撒马尔罕城一样有着悠久的历史，但是，从繁华程度来看，布哈拉远远赶不上撒马尔罕，因为它偏离了古丝绸之路的主干道，只是一个静卧在茫茫荒漠中的绿洲城市。公元前 2 世纪，中国使臣张骞出使中亚，开通了欧亚内陆陆路交通的东段和中段；19 世纪的学者将这条东起中国、西达欧洲，以绿洲为链串起来的陆上交通称为"丝绸之路"。据成书于公元 1 世纪的中国史书《汉书》记载，当时这条陆路交通分南北两道，南道始于当时的中国长安，在越过天山以后抵达大月氏、安息；北道在越过天山以后抵达大宛、康居、奄蔡。五百年以后，中国隋唐王朝再次发起经略西域，成功地在天山北麓另辟新路，新辟的这条路被称为丝绸之路北道；于是,《汉书》所记的丝绸之路北道变成了丝绸之路中道。隋唐官员裴矩(547—627)在他写的《西域图记》一书中说,丝绸之路中道穿过布哈拉城:"其中道从高昌、焉耆、龟兹、疏勒,度葱岭,又经钹汗、苏对沙那国、康国、曹国、何国、大小安国、穆国,至波斯,达于西海。"文中提到的大小安国中的大安国指的就是布哈拉城,小安国在布哈拉城东北,又名东安国。受此书的影响,人们一直以为古丝绸之路穿过布哈拉城,这一错误至今仍未得到纠正。

丝绸之路中道是否穿过布哈拉城,或者说布哈拉城是否在丝绸之路上,这一问题对本书来说至关重要;因为它是理解布哈拉城形成和发展的关键。如果不对此做一番考证和说明,就无法了解布哈拉城的本质特征,因此,在写布哈拉城的有趣故事和美丽传说之前,只好让读者先读一些枯燥无味的史料。

在丝绸之路中道上,绕不过的重要城市是帖木儿大帝出生地沙赫里夏勃兹(渴石)和商业中心撒马尔罕城。西来的商队越阿姆河后,经以上两城可东去中国,北往哈萨克草原;东来者经撒马尔罕和渴石城后渡阿姆河便可西入波斯达罗马,南通印度。如果要去布哈拉城的话,还得从撒马尔罕城向西北绕行大约两百多公里,这段距离对于古代商旅要步行六七天的时间,除非有特殊需求,否则视时间为金钱的商人和商队是不会去的,甚至连一心要创建欧亚大帝国的马其顿王子亚历山大和开辟了伟大丝绸之路东段的西汉使臣张骞都没有绕道前往布哈拉城。

亚历山大在追逐抵抗斯皮塔米尼斯时,吸取了波斯大帝居鲁士的教训,他没有进入荒漠,也没穷追已经与中亚游牧民马萨革泰人联合起来的斯皮塔米尼斯,而是选择了向东退兵。张骞在出使西域之时也没有去布哈拉,据张骞本人说:"骞身所至者,大宛、大月氏、大夏、康居,而传闻其旁大国五六,具为天子言之。"张骞在抵大宛(今费尔干纳盆地)以后,在大宛国向导的带领下前往大宛邻国康居,当时(公元前2世纪)的康居国管辖牧地仅有锡尔河中、上游一带(今吉尔吉斯斯坦境内);接着,张骞从康居到大月氏,当时的大月氏人在今阿姆河(妫水)北岸游牧;离开大月氏以后,张骞就来到了阿姆河以南的大夏(今阿富汗北部地区)。

在张骞自述的路线中,大宛、大月氏、大夏的所在地都很清楚,不存在歧义,需要说明的只是康居的领地。康居国形成于公元前2世纪中叶,在张骞第一次出访之时(公元前138—前126年),康居政权才建立不久,势力不大,包括布哈拉城在内的河中地区(今阿姆河与锡尔河之间的地区)还不是它的属地。布哈拉城纳入康居国版图的时间是在1世纪以后,离张骞出访已经有近两百年的历史了。因此,张骞所到的康居国,仅局限在锡尔河流域,未包括布哈拉绿洲。

知识的源泉——布哈拉

　　以上结论还可以从张骞带回来的物产中反映出来。在张骞回国时带回的物品中，没有发现布哈拉城闻名遐迩的特产石榴。《史记》记载："汉使取其实来，于是天子始种苜蓿、蒲陶"，没有提到石榴。《史记》的记载是可靠的。西晋人张华（232—300）编撰的《博物志》记载说："张骞使西域还，得安石榴。"《博物志》是中国古代神话志怪小说集，书中所记异境奇物，琐闻杂事等内容包罗万象，其中不乏诸如有人浮槎至天河得见织女等怪诞不经的神仙故事，其可信度不高；值得重视的是与张华同时代的西晋人陆机（261—303）的记载，他在《与弟云书》中说："张骞为汉使外国十八年，得涂林，安石榴是也。今处处有之。"涂林是石榴的梵语音译，安石榴在隋唐以后指布哈拉城的石榴。以文学和书法著称的陆机，在此的记载也是错误的，中国普遍种植石榴是在东汉时期。假如说张骞确实带回了"安石榴"，那么，这些"安石榴"也不是布哈拉城所产，因为布哈拉城以"安"之名著称于世是5世纪以后的事。

　　不仅张骞没有到过布哈拉城，甚至有理由认为，给布哈拉城留下了记载的中国高僧玄奘也没有亲历布哈拉城。玄奘在他的《大唐西域记》中将布哈拉记为捕喝。周连宽先生认为，玄奘在离开飒秣建国（今撒马尔罕城）以后所记的包括捕喝国（布哈拉）在内的六国"都是玄奘得自传闻，均非亲历"。周先

第一章 钩沉岁月

生对此没有更多的说明,但这种推测是合理的。

按《大唐西域记》的记载,玄奘离开撒马尔罕城后先后去了米国、曹国、何国、东安国、安国、西安国。与对撒马尔罕城的详细叙述不同,玄奘对以上六国的记载十分简略,其中对捕喝的记载只有二十多字:"捕喝国,周千六七百里,东西长,南北狭。土宜风俗,同飒秣建国。"在"周游了"以上六国之后,玄奘又回到撒马尔罕城南的史国(渴石,今沙赫里夏勃兹),玄奘对史国以及其后国家的记载又详细起来。由此可以相信周连宽先生的推断:玄奘对撒马尔罕与史国之间六国的记载是"来自传闻"。

从路线上判断,玄奘的目标是印度,行色匆匆的高僧从撒马尔罕南行到沙赫里夏勃兹是抵达印度的最便捷路线。离开撒马尔罕城以后,不直接南下前往沙赫里夏勃兹,而是向西北旅行以上六国,这一行程与玄奘去印度的方向是背道而驰的。因此,周连宽先生"玄奘直接从撒马尔罕起行,向西南进三百余里,至羯霜那国(今沙赫里夏勃兹)"的判断也是合理的。

古代到过布哈拉城的旅行者并不多,留下记录者屈指可数。在中国旅行家中,唐朝僧人慧超可能到过布哈拉城。慧超从海路前往印度,后来取道陆路回国。据《往五天竺国传》记:"从大食国以东,并是胡国,即安国、曹国、史国、石骡国、米国、康国等。"尽管从西向东进入中亚地区的慧超有可能到过布哈拉城，但他没有给这一城市留下专门的记载，只是笼统地谈了六国的习俗。

在古代的外国旅行家中，可以确定到过布哈拉城并且留下专门记录的有两位——一是摩洛哥人伊本·白图泰，他的旅行被记录在《伊本·白图泰》一书中，另一人是西班牙使臣克拉维约，他的旅行被《克拉维约东使记》记录下来。两部游记都有汉译本，从他们的记录来看，经布哈拉旅行的道路十分艰辛，绝非商旅频繁的丝绸之路的必经之道。

伊本·白图泰在1333年至1334年从阿姆河下游的花剌子模绿洲前往布哈拉城。他记道："我从花剌子模出发时，雇了骆驼，购置了驼轿，……另一部分马匹，都披上了马衣以御寒。我们走近花剌子模和布哈拉之间的荒原，全程为十八日，一路沙土，除一镇外，绝无人烟。""在此沙漠中，行程六日无水。后至一斡布克奈镇，这里去布哈拉为一日行程。"可见，布哈拉与阿姆河下游花剌子模绿洲之间的道路十分艰难，看不见往来于道的商旅。

15世纪的西班牙使臣克拉维约经布哈拉西行的旅途也是艰苦的。克拉维约来帖木儿都城撒马尔罕时走的是丝绸之路中道商路，即从渴石（沙赫里夏勃兹）直接到撒马尔罕城："约于星期四（8月28日）来到开石（渴石），星期五午后动身，夜半在道旁一村住宿。星期六（8月30日）行抵帖木儿建于河岸

第一章 钩沉岁月

上之华丽行宫……候到9月8日,帖木儿来命入撒马尔罕城。"克拉维约在返国途中绕道访问了布哈拉:1404年"11月27日至名布哈拉之大城。城位于广袤之平川上,城垣系砖所垒"。克拉维约一行在此停留七天,他们不想沿原路返回,决定从布哈拉城往西渡阿姆河去呼罗珊,结果吃尽了苦头:"沿阿姆河两岸,到处村落相望。我们曾在一村内稍息,做穿行一段沙漠地带之准备。沙漠地带之长,须行6日,方能穿过。在村中做20日休息之后,即于12月10日动身,渡过河,河之两岸沙滩甚宽,经风力昼夜吹煽,滩上细沙,作海浪形。阳光映照其上,所反射之强光,明耀夺目。在沙漠上往来,或寻觅路径,极为困难;只有善追人踪者,方能寻出途径而行。……即使向导,亦不免有时迷失途径。沙漠中,只于每日路程之尽处,设有一口井,井上建有高亭,以便寻识。12月14日,停息在一座村内。星期一及星期二未行,星期三起,五日之中,又继续穿行另一片沙漠,而至有充畅水源之处。过沙漠时,见其中有沙山一座,其炽热之程度,虽在12月之中,尚有难于忍受之势。沙漠间行走数日,其辛苦异乎寻常。"此处引用这么多的文字,只想说明经布哈拉城西行的道路非常艰辛,绝非商旅往来的古代丝绸之路。可以肯定地说,丝绸之路中道并未穿过东安国、安国、西安国。

远离了丝绸之路的布哈拉城只是一座静卧在克孜尔库姆大

沙漠中的绿洲城市。流经这片大沙漠的主要河流是有着"流淌金子"之称的泽拉夫尚河,该河在中国古书中名为那密水。泽拉夫尚河发源于泽拉夫尚山,它从东向西走了大约650公里的历程以后,消失在沙漠之中,变成了星星点点的、生态十分脆弱的小湖泊。布哈拉城坐落在泽拉夫尚河下游的三角洲上,古代布哈拉人挖了一条运河将泽拉夫尚河水引入城内,正是这条运河养育了布哈拉城民。

静卧绿洲的明珠
——早期的社会经济、文化、政治

据《知识宝鉴》一书记,今称布哈拉的地方原是一片沼泽地,芦苇一望无际,遍地草木丛生,某些地段动物绝迹。在贵霜王朝时期,水利灌溉工程的修建,使人们从四面八方来到这里,搭起帐篷,过着愉快的生活。一些人在此定居下来,使这一地区成了泽拉夫尚河下游三角洲的绿洲中心。

贵霜帝国是被匈奴人赶跑的古代游牧民大月氏人建立的政权。强盛时期,贵霜帝国的疆域囊括了中亚、伊朗高原和北印度地区,与当时中国的汉王朝、西亚的安息帝国和欧洲的罗马帝国并称四大帝国。1世纪中叶到5世纪中叶的四百年间,中亚处于贵霜帝国的统治下,布哈拉城也不例外。贵霜帝国的统治将布哈拉城打磨成绿洲中的一颗明珠。

在贵霜帝国统治的四百年中,泽拉夫尚河下游出现了许多灌溉工程,其中著名的有沙赫鲁德大渠、卡尼梅赫渠、哈尔甘鲁德渠、赞丹纳渠和拉米坦鲁德渠。以上一些渠名与布哈拉城周边的村镇同名，可以推断，以上一些灌溉工程分布在布哈拉城周围。随着灌溉工程的修建，布哈拉绿洲不断扩大。据统计，在贵霜王朝统治时期（1至4世纪），泽拉夫尚河下游地区有3400平方公里至3500平方公里的土地得到灌溉，灌溉区向西扩展，一直延伸到今布哈拉绿洲以外数十公里。

随着灌溉渠的修建，布哈拉绿洲进入了欣欣向荣的发展时期。考古学家们在克济尔基尔遗址上发现了种植瓜果的遗迹，其中，葡萄的种植最为突出；布哈拉绿洲的手工业也发展起来，在遗址上发现了棉纺织品的残片，这一考古发现得到了文献的证实，据记载，在布哈拉内城与外城之间有纺织棉布、围巾和帐幕的大作坊；布哈拉城不仅专长于纺织业，酿酒业也很有名，直到18世纪，布哈拉的酿酒业在河中地区仍是无与伦比的；此外，布哈拉城还专长于珠宝、武器的制造，在绿洲古墓中发现了金属手工品，特别是短剑、长矛、战斧等武器，其中最常见的是双刃剑，这种剑长达1.2米，剑柄长且呈圆形，还出土了呈五角形的组合弓，箭杆用木料或芦苇制成，箭头呈三棱形，部件用狭长的骨条或动物角固定在一起，这种箭以射程远和命中率高而著称。传统的弓箭制造一直保留下来，据布里亚特族（Buriat）史诗记载，对布哈拉弓箭的赞誉一直远播到西伯利亚。

第一章　钩沉岁月

随着布哈拉绿洲的发展，布哈拉城也发展起来。贵霜帝国时期，以城堡、内城和郊区三部分组成的城市模式在中亚定型。如今在花剌子模绿洲和费尔干纳盆地都发现了以上三部分组成的城市。如花剌子模绿洲的托普拉克卡拉城（建于 2 世纪至 3 世纪）呈矩形，南北长，面积 2.5 平方公里，东北角建有城堡，在城堡内的王宫还有围墙环绕，城堡围墙外是内城，它被高达 10 米的城墙环绕，城墙上建有塔楼，内城墙外是郊区；建在费尔干纳盆地中的达尔弗尔津城也是如此布局的。然而，在贵霜时期的布哈拉城遗址上未发现城市的三部分，1 世纪的布哈拉还只是一个规模不大的村镇。不过，在布哈拉村镇西北角，有一个建于公元前 1 世纪的雅克城堡，由此推断，当时的布哈拉城起码包括了统治者居住和执政的城堡和居民居住的区域 —— 内城。

贵霜时期，布哈拉城成了泽拉夫尚河三角洲上的绿洲农业中心。今天的考古发现，在布哈拉城的地下 20 米内，埋藏着不同时期的大量文物和古迹；在布哈拉城的地上分布着 140 多座中世纪以来风格各异的建筑遗迹。人们禁不住要问，绿洲农业中心那么多，何以布哈拉会有那么多辉煌的、独具匠心的、为她赢得了中世纪城市典范盛名的古建筑呢？这里要谈一下布哈拉城的最初功能。

布哈拉城是以佛教寺院的形象在历史舞台上亮相的。"布哈拉"一名的含意众说纷纭。大致有以下两种说法：一是布哈拉一名出自梵文维哈拉（Vihāra），意为"寺庙"；而布哈拉（Bukhār）是突厥—蒙古人对梵文寺庙 Vihāra 的读写方式，这种解释不是近代才出现的，据《伊斯兰百科全书》"布哈拉"条目说，13 世纪的文人已经做出过类似的解读。如今，维吾尔人把置放偶像的地方也称为布哈拉（Bukhār）；二是"布哈拉"之名出自波斯语"布哈拉"，意为"知识汇集的地方"。

目前，虽不能确定哪一种说法更符合布哈拉城名的起源，但两种说法之间似乎存在着一定的联系。如今，在寺院终了一生的出家人被视为人生失意或看破红尘的人。而在古代，寺院不仅是信仰所在地更是传授知识的地方，到寺院求学是很普遍的事。再说，就是把寺院视为人生修炼的地方，它与知识也是有一些联系的，"立身以立学为先"，修炼也得先学知识。近代以来，随着世俗教育的发展，知识的传授逐渐与寺院分离了；不过时至今日，寺院仍是一个多元价值的无尽宝藏，始建于辽代的北京龙泉寺被冠以"清华北大分校"之名！以净化人心为己任的布哈拉寺院自古以来就承担着传承知识的任务，这种状况延续了两千多年，直到 19 世纪中叶沙俄在中亚确立统治之后，知识的传承才与寺院分离。

布哈拉城出土的贵霜钱币反映了贵霜帝国内部频繁的经济联系，也就是说，当时贵霜帝国统治下的北印度与布哈拉城存

第一章　钩沉岁月

在着经济交往，在此交往中，必然离不开文化交流，这一点从考古资料可以推断。印度铭文反映，贵霜帝国的开国元勋丘就却有信仰佛教的倾向，后来的国王信仰佛教的证据就更多了，阿姆河南岸的巴尔赫城便是他们的佛教中心，被称为"小王舍城"，该城的一个城门名为布哈拉门，这一称谓反映了小王舍城与阿姆河北岸的布哈拉城存在着一定的联系，由此推测，布哈拉城是贵霜帝国佛教徒在阿姆河北岸落脚的寺院（维哈拉）。可以说，维哈拉之名是贵霜帝国给予布哈拉的永恒礼物。从布哈拉人保护古代遗迹的态度来看，只要这个城市继续存在，他们肯定不愿意更改给他们带来荣耀的城名。

不同的追求让生命展现出不同的姿态。以佛寺形象出场的布哈拉城，在登台亮相的一刹那间似乎已经预示了日后的发展方向。佛教哲学圆融通透，可以从很多方面充实人生，给人们的生活带来和谐与宁静。作为宗教圣地的布哈拉以她那朴实无华而又庄重典雅的气质吸引着希望通过知识以求精神滋养的人们；吸引着希望通过安顿心灵以求找到人生坐标的人们。可以说，人们知道布哈拉城更多的是通过她的文化内涵而不是因为她的地理意义：寻找精神慰藉的人们绕道前来；需要心灵洗礼的人们在此驻足；渴求知识的青年汇集于此。偏离了丝绸之路主干道的布哈拉城没有撒马尔罕城的繁华与喧嚣，却是精神修炼的好去处。

知识的源泉——布哈拉

孙中山先生曾说:"佛教乃救世之仁,佛学是哲学之母。"佛教的传播为布哈拉成为一个知识汇集之地打下了基础。随佛教一起,哲学传入了布哈拉。佛教产生在公元前五六世纪的印度,延续至今有二千五百多年,作为一种对抗婆罗门教极端思潮兴起的重要学说,佛教无论是在教理上还是在哲学上都超越了以往的思想局限。佛教创始人悉达多·乔达摩被佛教徒尊称为释迦牟尼,释迦牟尼所创立的佛教以后被称为原始佛教或小乘佛教,最初传入布哈拉的小乘佛教在教义方面更加偏向于哲学而不是神学。

随佛教一起,艺术和佛塔建筑传入了布哈拉。公元前6世纪末兴起的佛教,在数百年间皆以脚印、宝座、菩提树、佛塔等代表佛陀本人的形象,没有佛陀刻像。1世纪中叶,随着佛教信徒崇拜佛陀的风气兴起,创作佛像成为风气。最初的佛像是从印度民间的鬼神雕像转化而来,佛像图案在东传的过程中,吸收了希腊的艺术风格。公元前323年,亚历山大在西归途中病逝,他的部将塞琉古在阿姆河南岸地区建立了统治,当时地处今巴基斯坦北部白沙瓦谷地的犍陀罗成了希腊文化与印度文化融合之地。犍陀罗在佛像的创造上做出了贡献。在向西传播中,佛像在此吸收了希腊文化成分,到1世纪中叶,犍陀罗制作的佛像已经具有希腊式雕像和浮雕的风格,而且在佛像头部还雕有显示神圣性的光轮。1世纪末至2世纪中叶,犍陀罗佛像成功地将印度、希腊、波斯、罗马、中亚草原风格融合，形成了独具一格的犍陀罗式佛像，其特色是佛像面容呈椭圆形，眉目端庄，鼻梁高而长，头发呈波浪形并有顶髻，身披希腊式大褂，衣褶多由左肩下垂，袒露右肩，佛陀像和菩萨像还带有胡须。与此同时，佛塔的建筑也有较大发展，印度式窣堵婆式的圆塔，随着基座的逐层加高，圆塔变为了基座的一层，佛塔上部的伞盖也在不断加高和增大，最终形成了今天所看到的高耸入云的佛塔。

3世纪以后，犍陀罗艺术逐渐向贵霜统治下的阿富汗东部和中亚地区发展，5世纪时，犍陀罗本部瓦解衰微，然而，阿姆河南岸（阿富汗）的佛教艺术却一直繁荣到7世纪。其间，阿姆河南岸的小王舍城（巴赫特拉）深受犍陀罗文化的影响，从小王舍城向北传播的佛教将希腊文化和艺术带到了布哈拉城。

由于宗教的原因，布哈拉城在中亚的地位显赫。日本著名学者池田大作曾说过："在古代，政治与宗教在任何社会中都紧密地联系着。这种联系，一方面带来有益的结果，另一方面也产生出很大的弊病。"古代布哈拉从佛教中获得了政治地位的提升。古代寺院不仅是拜佛的地方，同样也是管理中心。在人们把撒马尔罕城称为"富城（肥城）"的时候，布哈拉被称为"贵城"。作为管理中心，她的地面伫立着那么多的精美建筑也就不足为奇了。在以后的岁月中，布哈拉城曾三次充当了阿姆河与锡尔河之间中亚政权的都城，之所以能够承担如此重任，除了宗教和管治方面的因素外，布哈拉城还拥有支撑一个庞大王朝的经济力量。

在布哈拉城周边布满了工商业村镇，这些小村镇在7世纪中叶已经形成了定期集贸市并且参与到丝绸之路的贸易之中。它们不仅与丝绸之路途经的城市有着密切的经济往来，而且还有自己独特的产品参与以撒马尔罕城为中心的商业贸易。

商贸盛地塔瓦维斯（意为孔雀）镇在布哈拉城东。史书记载说，塔瓦维斯居民很少从事农耕，以经商为生，每年夏季在此举行为期10天的集市，市场十分繁荣；还有记载说，塔瓦维斯城集市专卖质劣价廉的商品，品种有床毯、门帘、窗帘等，每年光顾集会的商人达一万人以上，主要来自费尔干纳和呼罗珊地区，集市上出售的棉织品主要销往西方。

距布哈拉城87.4公里的卡尔明纳镇也在布哈拉东面，古时候有"布哈拉耳目"之称。卡尔明纳是布哈拉城下辖的城镇之一，其水源要靠布哈拉供给，税收也随布哈拉城的税收一起核算。

瓦拉赫沙镇位于布哈拉北去花剌子模绿洲的路边，它是布哈拉城周边最大的村镇。瓦拉赫沙镇有城堡，村内有座宫殿，堡垒林立，戒备森严，据说一度成为布哈拉国王的驻地。瓦拉

第一章 钩沉岁月

赫沙镇的集贸市场每年举办一次集市交易会,为期15天,如果集市适逢年底,则延期至20天,第21天被当地居民视为元旦(按粟特年历记)。

距布哈拉城大约24.96公里的赞丹纳村生产的布匹远近闻名,被誉为赞丹纳布。赞丹纳布结实暖和,颜色各异,可用来做衣服甚至绘图,直到19世纪初还远销欧洲。赞丹纳镇也有一个大交易市场,进行着以赞丹纳布为主的贸易。

伊斯克吉卡村镇是布哈拉城的近邻,居民以工商为业,非常富有,村里建起一个大城堡和大清真寺。伊斯克吉卡村盛产布匹,每逢星期二举办集市,游牧民赶着牲畜到这些地区,以牛、羊、马和生皮革、羊毛、鞣革物品及奴隶等,换取粮食、布匹、锦缎、棉花、衣物、剪刀、马具及武器。伊斯克吉卡村对面的沙尔克村出产黄铜和棉布,该村每星期五举办集市贸易,商品琳琅满目,各种买卖应有尽有,交易者来自城市及附近的村庄。

布哈拉城的最大财富来源是其南面的沛肯城。贵霜帝国衰亡后,河中地区分裂成许多小政权,布哈拉城的政权被称为安国,臣属于安国的有布哈拉城东北部的东安国和布哈拉城西南部的毕国,毕国在穆斯林著作中记为沛肯城。据《隋书》记:毕国当时国无君长,安国统之。20世纪40年代的考古发掘表明,毕国遗址面积达20公顷,城内筑墙,隔为二重,有人工水渠环绕，后人称之为毕渠，毕渠与布哈拉水源连接。毕国是布哈拉城边缘的一大商埠，城民因经营中国丝绸致富："毕国之民，尽为商贩。彼等行商中国及海外，获利甚丰。"波斯文献《世界境域志》记载说，沛肯城的商队客栈达千个。

以上周边村镇像众星捧月一般围绕着布哈拉城，它们像血管一样为布哈拉城提供着养料，是布哈拉城的滚滚财源。经历两千多年的积淀，布哈拉城的社会习俗、民族心理、审美情趣、思维方式、价值取向构成了一个稳定和完整的、有别于撒马尔罕商业城市的文化生态环境。

崭露头角的城邦
——早期政权及与中国诸王朝关系

最早有文字记载的布哈拉城史是古罗马史学家阿里安（96—175）的著作。阿里安根据公元前4世纪追随亚历山大转战中亚的将领阿瑞斯托布拉斯的记载，写了《亚历山大远征记》一书。书中叙述了亚历山大攻打锡尔河与阿姆河之间的粟特地区，占领了粟特地区首府，即被称为夏宫的撒马尔罕城（希腊人称为马拉坎达城）。此后，亚历山大的活动一直在锡尔河流域，没有向西进攻退到布哈拉城的中亚抵抗势力。亚历山大没有攻打布哈拉城，此乃布哈拉城之幸。然而，随亚历山大远征的、给撒马尔罕城留下了大量资料的希腊学者们对布哈拉城却只字未提，这就不得不令布哈拉人以及今天治中亚历史的学者们遗憾了。目前，我们对公元前4世纪的布哈拉的历史一无所知。

中国史书对布哈拉城的记载始于大约公元1世纪成书的

知识的源泉——布哈拉

《汉书》。《汉书》在论述中国西北方的游牧政权康居国之时,提到康居国属国中有一个名叫阗王的国君,他的居地在阗城。成书于11世纪的《新唐书》对阗城做了解释,说布哈拉城是康居属臣阗王的故地。尽管这一推论可能还有待进一步的考证,不过通过它们可以判断,与撒马尔罕城一样,布哈拉城在1世纪成了康居的属地。康居国衰落之后,布哈拉城接受了贵霜帝国的统治。贵霜帝国的统治给布哈拉城留下了永久的历史记忆,从文献资料来看,布哈拉城名可能与贵霜帝国的信仰有一定的关系,贵霜帝国之后的情况也是根据中国人的记载知道的。

贵霜帝国衰落以后,嚈哒人统治了布哈拉。嚈哒是中国西北地区的一支游牧民,4世纪70年代以前,他们在阿尔泰山一带放牧,后来离开故地向南迁徙,占据了泽拉夫尚河流域。5世纪30年代,嚈哒人推翻贵霜帝国,建立了自己的政权嚈哒汗国。嚈哒汗国极盛时期,布哈拉绿洲成为它的属地。正是在嚈哒人统治时期,布哈拉绿洲吸引了更多来此定居的人们。

据说,最早到布哈拉定居的人们来自突厥斯坦(锡尔河以北地区),他们爱上这一地区是因为它有丰富的水源、茂盛的树木、吃不完的野味。不久,人们接踵而至,在居住的地方盖起了许多房屋。随着人数的增长,人们推举出首领(埃米尔),被推举的这个人名为阿布鲁依。当时,布哈拉还是个村庄，阿布鲁依住的地方被称为城市。随着时间的流逝，阿布鲁依的权势越来越大，他开始施行暴政，致使当时一些名为"德赫干"的贵族向东逃到突厥斯坦和塔剌思等地，领头的逃亡者是一位大"德赫干"。未逃离布哈拉的人们派人去恳请他们的贵族，希望这些贵族能把他们从阿布鲁依的压迫下拯救出来。于是，贵族们求助于当时在突厥斯坦实施统治的突厥叶护（首领）室点密。叶护接受了他们的请求，派他的儿子塞伊·吉什瓦尔率大队人马前往布哈拉，将阿布鲁依拿获，下令将他放入一个装满了红蜂的大麻袋中，直到气绝身亡。塞伊·吉什瓦尔很喜爱布哈拉这个地方，他带信给父亲说，希望能应允他统治此地。父亲回信说："我同意把这个地方给你。"于是，他就派人前往突厥斯坦带回从布哈拉逃亡的贵族，并许诺如果返回布哈拉将给予他们贵族待遇；大批逃离的布哈拉贵族返回故土。塞伊·吉什瓦尔修建了布哈拉城。

据考证，阿布鲁依是嚈哒人，如果真是这样的话，以上传说反映了突厥人取代嚈哒人统治布哈拉的事实。大约在嚈哒汗国统治时期，河中地区形成了许多被中国史书称之为昭武九姓的城邦国家，其中，以布哈拉为中心的政权被称为安国。安国的兴起，使布哈拉成了与撒马尔罕、大宛齐名的、具有无限魅力的中亚城市。

中国人记载了布哈拉城被称为安国的原因，据《隋书》记载:"安国,汉时安息国也。"这一时空错误导致的国名在中国沿用了六七百年!安息国是公元前2世纪在今伊朗东北部建立的政权,安息国都城尼萨在今土库曼斯坦的阿什哈巴德西北方,强大之时安息国统治了包括布哈拉城在内的中亚地区,因此,隋唐的中国人误以为布哈拉就是安息国。基于这种错误,《隋书》将5世纪之后形成的布哈拉城政权称为安国;唐朝于659年在布哈拉城设置的羁縻州被称为安息州。两年后,唐朝人纠正了这一错误,661年,唐朝在布哈拉城设置的羁縻州不称安息州,而称忸密州,忸密一名出自554年成书的《魏书》,《魏书》将布哈拉城称为"忸密城",这是沿袭了阿拉伯文和波斯文古书的称谓,在这些史书中,布哈拉城被称为忸密吉卡(Numijkat)。对忸密的解释很多,普遍认为忸密一名源自粟特文"新住所"(nok. meθ),也有学者认为,忸密出自粟特语"nwm'y",意为第九城。其实,在忸密州设置之前到过中亚地区的中国高僧玄奘在他的《大唐西域记》(成书于646年)一书中已经将布哈拉名为"捕喝",然而,中国史书(《新唐书》)在11世纪才开始使用"捕喝"一名。

由于隋唐时期的大量文献将布哈拉城邦政权记为安国,以至于我们在叙述六七世纪的布哈拉城时也不得不采用安国之名。在河中地区众多的城邦国家中,安国算是一个大国,有大城四十,小堡千余。当时的布哈拉拥有一千多个村镇,据说每一个村镇都建造了本村镇的小城堡，小城堡即是村镇的中心。尽管如此，安国是一个小国寡民的城邦国家，以撒马尔罕城为中心的康国是她的宗主。安国国王娶了康国国王之女为妻，他的妻子有参政议政之权，在上朝的时候与他并坐在七八尺高的金驼座上。

据安国国王诃陵迦说，国王一姓相承了二十二世。安国人属印欧语系东伊朗语族人。据《隋书》说，安国人的风俗与康国相同，唯一不同的是"妻其姊妹，及母子递相禽兽"的婚俗。据唐代旅行家慧超记，包括安国人在内的中亚六个小国"极恶风俗，婚姻交杂，纳母及姐妹为妻"。有学者认为，这种婚俗可能出于财产不外流的考虑，最早在波斯祆教教徒中流行。这种婚俗在安国人中一直实行到8世纪初，8世纪中叶，阿拉伯人严厉禁止这种纳母及姐妹为妻的杂乱婚姻。据法国学者安德烈·比尔基主编的《家庭史》记，阿拉伯人不仅禁止近亲、尊亲属和卑亲属、兄弟姊妹、父母的兄弟姊妹及这些人的配偶，而且还禁止"吃同一个人的奶的人，在同一屋檐下生活的人，因而被视为兄弟或姊妹、儿子或女儿的人通婚"。安国人杂乱的婚配习俗在此严格的限制下被摈弃。

安国时期，布哈拉与中国中原王朝发生了联系。据《魏书》记，507年，布哈拉城遣使向中国王朝贡献，这是布哈拉遣使朝贡的首次记录，书中没有记录贡献的是什么东西。当时，布哈拉城以盛产石榴和五色盐著称。布哈拉的石榴粒大、色红，香甜可口，闻名中亚；因出自安国（布哈拉），中国人称之为安石榴。我们从张华的《博物志》和陆机的《与弟云书》中了解到，中国人知道安石榴是在 3 世纪，安石榴的东传可能是通过民间贸易的途径，当时中亚粟特商人已经在中国西部地区做买卖了。安石榴的传入时间和途径还有继续研究的空间，而布哈拉城闻名于世的五色盐传入中国的途径十分清晰。隋炀帝在位时，曾派司隶从事杜行满出使布哈拉，得五色盐后返回。7 世纪时，安国与中国王朝的联系密切起来。据《新唐书》记，安国在武德时期（618—626）遣使入朝，在贞观（626—649）之初开始贡献方物。

除安国与中国王朝的使者往来外，安国人还跑到中国宫廷为官府效劳，其中做出突出贡献的有：安诺磐陀、安兴贵和安修仁兄弟、安元寿、李抱玉和李抱真，中国史书对他们的事迹有较详细的记载。

6 世纪中叶，在阿尔泰山南坡放牧的突厥人强大起来，不断南下骚扰中国北部边境。西魏王朝为了缓和与突厥人的关系，545 年派人出使突厥，第一位使者就是安国人安诺磐陀。安诺磐陀出色地完成了任务，据记载，他的出访令突厥人精神为之一振，突厥人举国欢呼："大国使者的到来，我们突厥人要兴旺发达了！"此后，突厥人消灭了统治他们的柔然汗国，建立了本族政权。

对中国王朝做出贡献的还有迁居中国凉州的安难陀家族。在近两百年中，该家族有多人在唐朝效力。6世纪中叶，安难陀来到凉州，成为武威城的豪门望族。隋朝末年，军阀割据，李轨叛隋，618年在武威称帝，建立大凉政权。大凉国不断扩张，占据了河西五郡。618年6月，唐高祖李渊派使者招抚，李轨拒不归附。619年，受唐高祖派遣，凉州安氏后裔安兴贵前往凉州劝说李轨，李轨不服，安兴贵与其弟安修仁以武力攻克武威，擒拿李轨，押往长安，李轨在长安被斩首，大凉国灭亡。因平息有功，安兴贵受封为凉国公。

安兴贵之子安元寿最初在秦王李世民府中效力，深得李世民信任，成为贴身侍卫。在玄武门之变中，安元寿宿卫宫门；在李世民渭水单骑会突厥颉利可汗之时，安元寿一人于帐中护卫；安元寿历任诸卫将军，死后陪葬昭陵。安元寿之子安忠敬为唐朝戍边三十年，曾任河西节度副使；安忠敬之子安重璋，在安史之乱时，因耻于与安禄山同姓，受唐肃宗赐姓李，后唐玄宗改其名为抱玉。李抱玉以善养马闻名，爱好骑射，熟识军事。在他驻守河阳之时，收复怀州，功居第一，曾任兵部尚书，受封为武威郡王。

李抱玉任泽潞节度使之时，招其堂弟李抱真掌管军中事务。史书对李抱真的传说记载很多，其中一则表现了他的足智多谋和果敢作风。据说,在镇守潞州时,由于军资匮乏,李抱真向德高望重的老和尚求助说:"借用您的道行,来供应军队的花销,可以吗?"和尚回答道:"没有什么不可以的。"于是他设计说:"您选择哪一天在广场上焚身,我事先挖一条与广场连通的地道,等火烧起来,您就偷偷地从地道里出来。"李抱真做了精心准备,领着和尚进入地道察看,以消除疑心。在宣讲佛法的那天,老和尚登上木头搭起的佛坛,开始宣讲佛法。广场上白天黑夜点着灯、烧着香,李抱真与同僚在坛下顶礼膜拜,施舍钱财,四方信徒都赶来施舍。道场做满七天,将佛坛下的木头泼上油点火,敲钟念佛。此时,李抱真秘密派人将地道填塞,结果和尚与木头都烧成了灰。几天后,施舍所得钱财被送到军资库,据说有一亿以上。《旧唐书》对李抱玉、

雅克古城堡

李抱真的评价很高,说他们以武勇之材,兼忠义之行,唐之良将也。

6世纪中叶以后,突厥人建立了自己的汗国。在向西发展之时,突厥人打算与波斯萨珊王朝共灭统治中亚的嚈哒汗国。562年,突厥汗国与波斯萨珊王朝共同出兵夹击嚈哒,这次改朝换代的战争发生在布哈拉绿洲。历时8天的激战,嚈哒汗国战败瓦解。此后,嚈哒人分散在中亚、南亚次大陆和北亚地区,与当地居民融合,嚈哒一名不再见于史书。在布哈拉绿洲发生的战争并不多,这是有史记载的最早的一次。此次战争之后,突厥人开始涉足布哈拉城事务,参与了布哈拉城抵抗阿拉伯人的入侵战争。

圣泉阿尤布陵

第二章

历经苦难

7世纪下半叶,中亚地区遭到了来自西方的征服,布哈拉城迎来了历史上的第一位强劲敌人。走出大沙漠的阿拉伯人于7世纪中叶在地中海东岸建立了自己的政权——倭玛亚王朝,不久就发动了大规模的对外战争;向东先后征服了波斯和阿富汗,664年,开始北上征服布哈拉城。

腥风血雨的日子
——阿拉伯人的征服与统治

　　幸运逃过亚历山大希腊军队蹂躏的布哈拉城在以后的岁月中却未能阻挡阿拉伯人和蒙古人的铁骑。翻阅布哈拉城史,让人不得不相信"只有人类灭绝,战争才会结束"(only the dead will see the end of war)。据说这句名言出自古希腊哲学家柏拉图之口,但是,我们在他的著作中没有找到。无论是谁说的,几千年来的人类历史证明了这一总结有其正确性。为了避免战争,人类采取过多种手段;为了制止战争,人类建立了包括联合国在内的各种组织。有人统计,自联合国建立以来,20世纪下半叶,国家之间战争少于20世纪上半叶;联合国的建立不仅减少了局部战争,还避免了世界大战:"倘若没有联合国,1945年之后的世界可能更为血腥。"目前,地区战火仍此起彼伏;战争不断发生的现实让人们对"性善说"产生了怀疑,人类真的一直要打到灭绝的那一天吗?!

第二章 历经苦难

突厥人塞伊·吉什瓦尔在布哈拉统治二十年之后去世,在他召返布哈拉的贵族中,有一个名叫布哈尔·护达的大贵族,据说他的家产比别人都多,穷人中大部分是他家的雇农或奴仆。塞伊去世之后,他掌握了布哈拉的统治权。他统治时期,阿拉伯人来到了布哈拉城。673 年,倭玛亚王朝将领奥贝杜拉·本·济雅德出任呼罗珊总督,他一上任就出兵攻打布哈拉城属地沛肯城。经过一个冬天的苦战,沛肯城于 674 年初被攻陷,阿拉伯人在此掠夺了大量的战利品和四千多名俘虏,当时掌管着布哈拉的是布哈拉·护达家族首领比敦。他被迫与阿拉伯人签订了和约,在缴纳了巨额的战争赔款之后,布哈拉城得以免遭战乱。据说,奥贝杜拉索取的赔款高达 10 万迪拉姆银币,这一数字相当于布哈拉城五年的税收。

和约签订之后不久,比敦撒手人寰,他死得不是时候,他的儿子吐格什哈达仍在襁褓之中,抵抗阿拉伯人的重担落到了他妻子的肩上。据传说,她是一位无人能及的能干女人,史书以"布哈拉女王"称呼她。最初两年,布哈拉女王保持着作为一位国王应有的优雅风度。据《布哈拉史》记,女王每天从布哈拉城堡大门骑马出来,在布哈拉中心广场门前下马,广场两侧腰束金带、身佩刀剑的两百名年轻侍卫,在女王出现的一刹那肃立致敬;女王在安放于广场中的王位上坐下后,侍卫候立两侧,宫廷宦官、贵族等大人物按序伫立在女王面前行朝拜之礼。待庄严的朝拜结束之后，女王开始询问国家大事，颁布政令，以及赐袍给她想要奖赏的人和处罚她要治罪的人。就这样每天从清早一直延续到午饭时间，她才返回城堡，在宫中摆出餐具，把食物分赏给侍从。这些侍卫是从封建主和王室成员中挑选出来的，他们值勤一天后回家，第二天又换另一批人前往侍候，周而复始，一直不断，每年每批人要轮到四次。据传说，她是一位精明的统治者，人们都很信服她。以上记录展示了女王执政之初的威仪，从以上形式可以推知当时的女王还是有权威的，还是能够调动布哈拉城的武装的。

两年以后，倭玛亚王朝驻呼罗珊的总督赛义德（676—681年执政）上任，他撕毁了前任与布哈拉签订的和约，率兵出征布哈拉。面对入侵者，女王没有时间彷徨，很快做出了应对决策。当阿拉伯人兵临城下时，女王派使臣带着钱物转达她的建议："我愿以答应前任总督的条件与您讲和。"阿拉伯人没有因为布哈拉城主是一个女人而手软，赛义德退回钱物，态度强硬地宣布："我们之间绝无和平。"和谈不成，只好开战。拿什么去打呢？据说，布哈拉城的武装力量主要是亲兵，他们是布哈拉女王从家族成员和各村镇封建主中挑选的，这样的"军队"维持布哈拉城的秩序还可以，要抵挡阿拉伯人的铁骑，甚至就算是抵挡阿拉伯人的步兵，都是不可能的，尽管阿拉伯帝国以后在蒙古铁骑攻击下灰飞烟灭了，但七八世纪的阿拉伯骑兵在当时

第二章 历经苦难

是无敌的。

开战当天，匆忙集结起来的布哈拉军队临阵而逃。除了增加贡金，女王没有其他的退兵之策。得到丰厚赔款的阿拉伯将领同意退兵，但赛义德在临退兵前又提出要女王派人质随他去打撒马尔罕。于是，80名布哈拉贵族随阿拉伯军队前往攻打撒马尔罕城。拿下撒马尔罕城之后，女王要求归还人质，赛义德答应在返回途中，即渡过阿姆河之后释放人质，以后又推说到了呼罗珊的莫夫城之后再放人。最终，这些人质被带到了阿拉伯半岛的麦地那，在随身的佩剑、金银饰品、锦缎袍服被剥夺之后，他们以奴隶身份为赛义德种地。有一天，作为人质的布哈拉贵族们冲进赛义德的卧室把他杀了，接着，全体自杀。

继赛义德成为呼罗珊总督的萨里姆在上任之后不久也兵临布哈拉城下。据说，女王在看到这支队伍的阵容以后，派人到撒马尔罕城求援。在给撒马尔罕城主塔尔汗的信中，她许诺说："如果你能前来，把阿拉伯人赶出这个王国，我将做你的妻子，布哈拉城将属于你。"于是，撒马尔罕城的11万兵士赶到。11万兵士对于国小民寡的中亚任何一个城邦国家来说都不是一个小数，看来女王开出的条件还是有吸引力的。据说，为了打探撒马尔罕援军的情况，萨里姆曾派人去撒马尔罕城，此举在阿拉伯军中传开，士兵们以为萨里姆已经抢先派人去夺战利品了，军心动摇，阿拉伯人在初战时失败。由塔尔汗率领的撒马尔罕军追杀敌人400人。然而，在以后发生的一次激战中，阿拉伯人打了一场硬战，塔尔汗战败。阿拉伯人掳获了很多战利品，当天就瓜分了，每个阿拉伯战士分得2400个迪拉姆（银币）。事已至此，再次求和是唯一的选择，萨里姆在得到一大笔钱之后同意讲和。据《布哈拉史》记载，"阿拉伯征服者多次渡过阿姆河，袭击河中地区，每次，布哈拉王都给阿拉伯人纳贡或送其他礼物，以便缔结和约，从入侵的危机中解救自己的国家"，这种状况一直持续到女王去世。

　　传统史学注重历史事件的叙述，至于心态的探索是18世纪法国年鉴学派开辟的研究领域，因此，女王在她15年（674—689）的统治中是如何度过战火纷飞时光的，史书没有记录下来，对她的内心活动和情感世界也无任何描述。不过，从她的行为来看，她为保卫布哈拉城想尽了办法，操尽了心；临走，她也无法预料布哈拉城的未来。

　　追求不战而退兵是布哈拉对来犯者的基本方针，经历过不少险境的布哈拉·护达家族做到了，承袭其夫政策的布哈拉女王也基本做到了。战争没有在布哈拉打响，虽然代价是高昂的。689年，女王死了，她的苦难结束了；而布哈拉城的苦难仍在继续，正是在她去世以后，大批阿拉伯人来到布哈拉城，并在此开始了实质性的统治。

　　女王去世后，她那已经长大成人的儿子吐格什哈达未能顺利地接替王位，他的王位被一位名叫瓦尔丹的突厥人夺走。这一变故又成了阿拉伯人进攻布哈拉城的借口。呼罗珊总督库泰拔（汉文史籍中的屈底波）声称要为吐格什哈达扫平篡位者。于是，阿拉伯人与突厥人的战火在布哈拉城燃起，战争进行了很长一段时间。

708年初，库泰拔的军队兵临布哈拉城，突厥军队最终在阿拉伯塔明部酋长瓦基的步兵和骑兵的攻击下失败。第二年，库泰拔又率领一支庞大的军队来到布哈拉郊区，他宣布，上交一个敌人的头颅可领赏100个迪拉姆。重赏之下，在阿拉伯军营前很快立起了一座用突厥人和布哈拉人人头垒成的"金字塔"。泽拉夫尚河流域诸城邦为之震惊，撒马尔罕城主塔尔汗赶来向阿拉伯人求和，签订条约，称臣纳贡。

712年，吐格什哈达在阿拉伯人的帮助下从突厥人手中夺回了王位，出于感恩，吐格什哈达将自己的儿子取名库泰拔。当然，他必须向阿拉伯人称臣纳贡，条件是布哈拉城每年向哈里发进贡，此外，还要向呼罗珊总督进贡一万迪拉姆。吐格什哈达的统治延续了32年（719—751）。在他统治期间，布哈拉的政权掌握在阿拉伯倭玛亚王朝的呼罗珊总督手中，他只是阿拉伯人在布哈拉城的傀儡王。阿拉伯人在布哈拉收取土地税，如果不能按时缴纳，土地被没收不说，还要在他们的脖子上悬挂特制的号牌，直到纳完税后，牌子才能取下来。

知识的源泉——布哈拉

阿拉伯人的胜利不仅获得了短暂的经济利益,而且还开始在中亚长久立足。布哈拉城的城民除了缴纳土地税,还要为移居的阿拉伯人提供住房,给阿拉伯军队提供柴火,给他们的战马提供饲料。按规定,布哈拉城居民要把自己一半的房屋腾出来给移居布哈拉城的阿拉伯人居住。据《布哈拉史》记,布哈拉城卡什卡瓦部人在阿拉伯总督库泰拔要求他们分出房屋和财产的一半之时,他们将房屋全部交出,然后在城外建起了七百座堡坞,这些卡什卡瓦人在自己的住处附近给其奴仆和随从们也修建了房屋,还在房屋门前开辟了园地,种上花果、树木。

这样的日子一晃三十年过去了。751年,吐格什哈达去世,其子库泰拔即位(751—?年在位)。即位当年,阿拉伯政权发生了巨大变化,阿拔斯家族武装起来推翻了倭玛亚王朝,建立了阿拔斯王朝。在此形势下,布哈拉城发生了反阿拉伯人的起义,起义首领沙里克是驻布哈拉城的阿拉伯戍卒,他参加过推翻倭玛亚王朝的革命,由于不满阿拔斯家族夺取胜利果实而举行起义。起义号召说:"我们为反对倭玛亚王朝进行了斗争,因此流血牺牲,目的并不是为了臣服于阿拔斯王朝!"他呼吁人们继续进行反抗,布哈拉城上上下下都起来响应,在很短的时间内布哈拉起义军就聚集了三万人。在起义者中,除了布哈拉的农民和手工业者等下层群众外,布哈拉城贵族、地主、商人也积极投入起义队伍之中。于是,沙里克起义发展成为中亚

第二章 历经苦难

人民反对阿拉伯人统治的民族斗争。

时任呼罗珊总督的艾卜·穆斯里姆是镇压起义的首领，他的部将济雅德率领一万军队来到布哈拉城。最初，阿拉伯军队被布哈拉起义者打败，但随着斗争的深入，布哈拉统治上层转向阿拉伯人一边，地主富豪们也不再向起义者提供粮食、饲料等军需物资。在此形势下，起义力量遭到削弱，沙里克在战斗中牺牲，群龙无首的起义队伍最终瓦解。济雅德率领的阿拉伯军队攻入布哈拉城，放火烧城，烟火连天，三日不息。城破后，布哈拉城民不屈，大部分城民被杀，其中的一些人被吊死在城门上。

艾卜·穆斯里姆是一位出色的社会活动家和绝世的军事天才，他为阿拔斯王朝的建立和保卫阿拉伯人在布哈拉城的统治立下了汗马功劳。然而据史书记，他在权力斗争中显得极不成熟，最终死在他为之效力的阿拔斯王朝手中。据说，他的墓碑是杀害他的阿拔斯王朝哈里发曼苏尔亲自写的，碑文写道："这是一个刻骨铭心的教训，这个人由于倨傲无礼和蓄谋反叛而丢掉了性命。"这一碑文警示世人，倨傲无礼虽然只是一种态度，但发展下去也是会掉脑袋的；这种事例在中国也屡见不鲜，其中《春秋》记载的"郑伯克段于鄢"就是一例。

布哈拉国王库泰拔最初同情起义，当起义如火如荼地发展起来之时，他改变了立场，加入了镇压起义的行列。在起义平息以后，他以背离伊斯兰教罪名被处死。他的兄弟布恩雅特登上了布哈拉王位（？—782年在位）。布恩雅特在位期间的大部分时间也是在与镇压反抗阿拉伯人的起义中度过的，其中，最大的一次起义是穆坎纳起义。

穆坎纳起义是呼罗珊地区莫夫城人哈希姆·布·哈基木发起的。哈希姆·布·哈基木早年以漂布为业，勤于学问，因宣传马兹达克教曾被捕，被关在巴格达的一所监狱里。后来，他从监狱逃出，开始在莫夫传教。传教期间，他用一块绿布蒙在脸上，声称凡人经受不住他脸上发射的光芒；其真相是由于秃头、独眼，他不愿让追随者看到先知的丑陋形象。"蒙面者"在阿拉伯语中发音为穆坎纳，因此，他领导的起义被称为穆坎纳起义。起义最初在莫夫爆发，很快遍及河中地区，布哈拉城也卷入了声势浩大的穆坎纳起义，布哈拉城郊的纳尔沙赫村成为起义军的大本营。

呼罗珊总督穆阿兹·伊本·穆思里姆在布哈拉城招兵买马，制造了武器，以及石弩、石炮之类的发射器，组织了一支以长、短柄斧和铲子为武器的三千人的队伍。为了镇压起义，哈里发麦赫迪从巴格达赶到尼沙普尔，一支武器精良的大军被派到河中地区。双方在布哈拉绿洲进行了激烈的战斗。776年4月，阿拉伯人兵临纳尔沙赫村围墙下，在劝降不成的情况下开始攻城。经过残酷的战斗，起义者防守失败，700人被杀，大

第二章 历经苦难

多数人逃亡。最后，起义首领同意与阿拉伯人签订和约，答应不再对阿拉伯人发起攻击。和约签订之后，阿拉伯军事长官背信弃义地杀害了起义军领导人，彻底消灭了纳尔沙赫村的起义军。布哈拉国王布恩雅特也因同情和支持起义被砍头。史书记载说，782年（或783年）的一天，布恩雅特坐在布哈拉城堡与同伴饮酒，从瞭望口看到了远处飞驰而来的骑兵。他正在仔细辨别是否是从哈里发那儿来的人，突然骑兵已至，他们一言不发，拔剑砍下了他的头。此后，布哈尔·护达家族在布哈拉城的统治还维持了近百年，直到9世纪下半叶被巴尔赫的萨曼家族取代。

射向天空的光芒
——伊斯兰教的传播与布哈拉的贡献

　　布哈尔·护达家族经历了阿拉伯人的征服和统治，与腥风血雨相伴的是伊斯兰教在布哈拉城的传播。目前，全世界有两千多种宗教，2009 年，国际联合宗教会召开圆桌会议，与会的两百多位宗教领袖参与了"世界最佳宗教"的评选和投票，佛教获得了"世界最佳宗教"这一荣誉。值得一提的是，许多宗教领袖没有选择自己的宗教，而是把手中的一票投给了佛教，虽然佛教徒在国际联合宗教会中只占极少数，但得票数却最高。国际联合宗教会的主管伊卡罗斯认为，佛教能赢得"世界最佳宗教"的荣耀称号，是因为在过去的历史中没有一场战争是以佛教名义进行的。然而，克孜尔沙漠中的佛教圣地布哈拉在公元 7 世纪下半叶却遭受了毁灭的命运。

　　阿拉伯人到来以前，布哈拉城是阿姆河以北的佛教中心。随着贵霜帝国的灭亡，佛教在中亚地区开始衰落。7 世纪来到

第二章　历经苦难

撒马尔罕城的中国高僧玄奘满眼看到的不是佛教而是拜火教。据说，在玄奘的劝说下，佛教在撒马尔罕城重新兴盛起来，估计受撒马尔罕城的影响，佛教在布哈拉城也重新兴旺起来。7世纪下半叶来到布哈拉城的阿拉伯人看到了规模宏大的寺院和饰以黄金和珠宝的佛像，当时，阿拉伯人在布哈拉属地沛肯城摧毁了一尊大佛像。阿拉伯人的到来改变了布哈拉城的宗教信仰，改朝换代的过程是痛苦的，影响是长久的。一千多年以后，历尽沧桑的千年古刹没有留下一丝踪影，布哈拉成了清真寺林立的伊斯兰教圣地。

阿拉伯人征服中亚之时，不知为何对布哈拉城不依不饶地穷追猛打，按理说，撒马尔罕城的富庶比中亚其他任何城市都更有吸引力，但阿拉伯人先打的却是布哈拉城。难道是因为先拿下这一自诞生之初就与宗教结了不解之缘的、继佛教之后，拜火教、摩尼教、景教都曾在此流行过的宗教堡垒，才能在河中地区树立伊斯兰教的权威？又或者是因为在呼罗珊及其以西地区，布哈拉城比撒马尔罕城的名声更大？对此，我们无法知道。不过，可以肯定的是，从库泰拔在布哈拉城堡内修建大清真寺起，在布哈拉城的阿拉伯人一心想把她塑造为河中地区宗教和政治中心。

阿拉伯人进驻布哈拉城以后，将布哈拉城的佛教和袄教寺院改建成清真寺，其中，库泰拔建的大清真寺原来就是袄教或佛教寺庙。穆罕默德·伊本·加法尔曾在他的书中说，他见过布哈拉城的大清真寺，寺门上有人物半身画像，有些人物面部已被划破，其余的还保存着原来的样子。有些清真寺的大门还依稀可见有偶像图案。布哈拉城的一座座佛寺变成了清真寺、神学院，布哈拉城也从佛教中心变成了伊斯兰教的学术重镇，布哈拉城的千年古刹逐渐消失在一望无际的蓝色苍穹之中。

伊斯兰教成为布哈拉城的主流宗教与布哈拉上层统治者有关。布哈拉国王吐格什哈达在阿拉伯人的帮助下从突厥人手中夺取政权以后，出于感恩，他信奉了伊斯兰教。顾炎武先后在其《日知录·廉耻》篇中说："教化者，朝廷之先务；廉耻者，士人之美节；……朝廷有教化，则士人有廉耻；士人有廉耻，则天下有风俗。"吐格什哈达宗教信仰的改变，引起了布哈拉城上层的效法。

伊斯兰教在布哈拉城老百姓中的传播是阿拉伯人实施大棒胡萝卜政策的结果。阿拉伯人对异教徒课以重税，不堪忍受人头税重负者纷纷改信了伊斯兰教；阿拉伯统治者把大批阿拉伯籍手工业者迁往布哈拉城，鼓励他们与当地妇女通婚；阿拉伯人在布哈拉强制推行伊斯兰法律，违反伊斯兰法令者，轻者施以惩罚，重者处以死刑。不过，到8世纪30年代，布哈拉城民中的大部分人仍是要缴纳人头税的异教徒。除了惩罚外，阿拉伯统治者还采取奖励政策。库泰拔发布命令，布哈拉城民星期五必须到清真寺进行礼拜,并对去礼拜的城民给予奖励,"无论是谁,只要来参加星期五礼拜,就发给两个迪拉姆"。为了两个迪拉姆,下层老百姓纷纷去清真寺做礼拜。此外,布哈拉人由于不懂阿拉伯语,还可以用波斯语进行礼拜。由于这些政策的实施,"库泰拔三次使他们皈依伊斯兰教,而当他离开之后,他们又三次都成了异教徒"。经过长期的较量,8世纪中叶,伊斯兰教最终在布哈拉城立住脚跟。

强大的破坏力开启了新的文明旅程,伊斯兰教文明在阵痛中脱胎而出。随着布哈拉人改信伊斯兰教,随着一座座清真寺的建成,布哈拉城在伊斯兰世界的名声开始超过了包括撒马尔罕在内的其他中亚城市,在知识精英们书写的历史中,布哈拉已经成为"光荣的大本营,君权的克尔白,整个时代精英汇聚的地方"。

随着伊斯兰教的传播,布哈拉城开启了阿拉伯文化运动。一本研究古波斯语的词典揭示了布哈拉人说的语言可能是古粟特语。伊斯塔里克在他的书中说,除了一些变化外,布哈拉语与粟特语是相同的。阿拉伯人在布哈拉城定居以后,阿拉伯语开始传入布哈拉城,与他们杂居的布哈拉人也开始说阿拉伯语。阿拉伯人以《古兰经》为依托在布哈拉推行阿拉伯语和阿拉伯文,消除了穆斯林与非穆斯林之间交流的障碍,儿童在还不识字的阶段就会用阿拉伯语祈祷、咏唱;学者中有的只会讲阿拉伯语,而不会说自己的母语。由于阿拉伯语言文字的推行，布哈拉的传统文化与阿拉伯文化互相渗透。一个世纪以后，阿拉伯语已经在布哈拉上层占据绝对优势。当萨曼王朝恢复波斯文化时，为到底是使用阿拉伯语还是波斯语进行了尖锐斗争，从中可以了解，在阿拉伯人征服布哈拉城的一百年间，阿拉伯语已经成为布哈拉城的主要用语，特别是在官方语言中。

除语言外，布哈拉城民众从阿拉伯文化中吸取了多方面的知识。阿拔斯帝国定都巴格达后创办了许多宗教学校、图书馆、天文台和医院；阿拉伯文化在吸收东部波斯、中亚、印度等地区的先进科学和文化的基础上发展成为当时世界的先进文化。8世纪末至9世纪上半叶，阿拔斯帝国兴起了一股"翻译运动"的热潮，翻译运动开启了被西方人称之为"知识爆炸"的时代。830年，麦蒙哈里发（813—833年在位）在巴格达创建翻译机构"智慧宫"，汇集"智慧宫"的学者们开始了对古代名著的翻译工作，许多波斯文、印度文、希腊文古籍被译成阿拉伯文。如今已经无法知道翻译运动在当时是何等热烈，只知道翻译运动的声势波及了中亚知识界。在此期间，布哈拉知识界开始学习阿拉伯语和阿拉伯文。布哈拉城学者们通过翻译的阿拉伯文古籍吸收了古希腊、罗马、波斯和印度的文化精髓和科学成就，在他们中产生了一批研究哲学和科学的学者，随之，布哈拉城逐渐成了盛极一时的伊斯兰文化中心。如果说，布哈拉城曾是佛教文化和希腊文明的汇集和融合之地，那么，伊斯兰文明的传入使布哈拉城真正成了一个向外溢出知识的、对欧亚知识界产生过影响的源泉之地。

在布哈拉的学者中,最突出的是布哈里(809—870)。布哈里于回历194年(809)出生在布哈拉城,自幼丧父,孩提时代就能背诵《古兰经》的一些章节,他生活的时代正值阿拉伯人翻译运动的高潮时期。少年时代,布哈里对伊斯兰教的圣训产生了浓厚兴趣,并于回历205年(820)在布哈拉学者门下开始学习圣训,收集了圣训学家的资料。回历210年(825),他携母亲、兄弟一起前往麦加朝觐,此后他独自留在麦加和麦地那学习圣训学;数年之后来到巴格达,师从著名的宗教大师马赫木德·侯赛因·撒巴尼,成为圣训学领域的权威。

布哈里终生未娶,他把毕生的精力奉献给了伊斯兰教的研究,撰写了《历史大集》、《历史中集》、《历史小集》等几十种著作,其中,最有影响的是历时16年完成的《布哈里圣训实录》(以下简称《圣训实录》)。此书是布哈里从六十万段圣训中选编形成的,据说每写一段圣训,布哈里都先沐浴,然后两番礼拜,向真主祈祷,尔后才动笔书写。

《圣训实录》有99篇,3450节,始之于"天启",终于"一神教",与其他圣训学家不同的是:布哈里根据自己的法学观,把圣训分成诸如买卖、婚姻、契约、公证、战争等不同章节,并分门别类加以论述,采用"完整的传述纪系"的编纂方法，这一方法被后世学人称为"布哈里条件"，即传述者必须具备忠实可靠、品德公正、谨慎认真、思维正常、观点正确等条件。埃及皇家大学教员穆斯塔发·本·穆罕默德·艾玛热在编辑《布哈里圣训实录精华》时说，布哈里的《圣训实录》像晶莹夺目的珠宝，像光芒四射的太阳，像吉祥的群星。

布哈里四处讲学的场面十分感人，其中有人把他在尼沙普尔讲学的情况记录下来："城民们热烈地迎接了他，我不曾见过任何一位总督或学者受到过如此隆重的接待。布哈里设帐讲学，人们纷纷前来听讲，讲堂的庭院常被挤满，有时甚至连房顶上都是人。"后来，布哈里因思念家乡返回布哈拉，故乡人以同样的热情欢迎他，请他到清真寺继续讲学。晚年，布哈里在布哈拉城附近的一个村庄办学，弟子数千。回历256年（869—870），他在讲学的乡村去世。

先知穆罕默德曾说："学者的墨水比烈士的鲜血更为珍贵。"布哈里的墨水为布哈拉城书写了荣誉；先知穆罕默德在升天之时曾亲眼看到"大地之上，他处光明，自上而下，然在布哈拉城则是自下而上"，布哈里是从布哈拉城射向天空的一缕光芒。

《布哈拉史》记："因为他（布哈里），布哈拉城成了伊斯兰世界的穹顶，布哈拉城的民众都受到了良好的教育，知识在该城得以普及。"从此，布哈拉城以举世公认的伊斯兰教育圣地为人们所知，布哈拉城的宗教学院汇集了一批有名望的大

第二章 历经苦难

师,吸引着中亚及周边地区的学生;学者们一路辛苦、风餐露宿千万里来到布哈拉城。18世纪末年,布哈拉高等学校的学生人数曾达到3万。19世纪初期,布哈拉宗教学院还吸引着乌拉尔—伏尔加河一带的学者和宗教人士,其中,著名教士阿布杜尔·纳斯尔·艾尔·库尔萨威(1776—1812)在学成之后,返回喀山附近的家乡,在当地宗教学校当了一名教师;1838年至1849年在布哈拉学习的喀山学者希哈卜丁·马尔贾尼,后来获得了伊玛目和喀山大清真寺讲演者的重要职位。19世纪60年代访问中亚的俄国人瓦姆别里指出,在布哈拉城的高等学校里,不仅可以看到来自中亚各地区的学生,还有来自印度西北部、克什米尔、阿富汗、俄国和中国的学生。

如今,在布哈拉城建造了一座布哈里纪念馆。纪念馆的外观看上去是一本竖起的书,书页呈90度角半打开,它的建筑模式表现了后现代建筑特色,与布哈拉城的大多数建筑形成了鲜明的对比。

布哈里纪念馆(《丝路之半》)

东西扩展的城市
——城堡、内城和外城

贵霜帝国时期，在布哈拉城遗址上只发现了城堡和内城两部分。考古发掘证明，最早的布哈拉城堡建于公元前1世纪（也有说公元前3世纪），而在传说中，布哈拉城堡建于公元前13世纪。

布哈拉城原来是一个小村庄，在亚历山大远征中亚之前的公元前980年，波斯王朝王子西雅沃什来到这里，在自己的领地上建造了一个城堡，此后，城堡不断向外扩展，形成了一个城市，有关西雅沃什来到布哈拉村的故事充满了血腥。

按11世纪的塞尔柱帝国宰相、波斯人尼扎姆·莫尔克在《治国策》一书的记载，波斯国王凯·卡乌斯有一个名叫西雅沃什的儿子，对西雅沃什的生母没有记载，只说他自幼没有与父亲在一起，而是由一位名叫拉什塔姆的锡斯坦人抚养长大。有一天，凯·卡乌斯想儿子了，就派人到锡斯坦去接儿子

第二章 历经苦难

回家。西雅沃什到家与父亲团聚之时，凯·卡乌斯的小老婆扫塔巴在一帘屏风后面窥望。当看到已经长成英俊小伙子的西雅沃什时，她一见钟情地迷恋上了西雅沃什，想与他见面。她对国王说："让西雅沃什到我们女人的住处来一下，好让他的姊妹们也看看他。"凯·卡乌斯对西雅沃什说："到女人们的住处去，你的姊妹们想见你。"西雅沃什回话说："我听从父王之令，否则，我在大厅中待着更好些。"当西雅沃什来到女人们的卧室时，心怀邪恶意图的扫塔巴开始引诱他，西雅沃什在一气之下挣脱了她的拥抱逃走。害怕此事传出去，扫塔巴抢先向国王告状说："西雅沃什侵犯了我，他紧紧抱住我，我挣脱了。"从此，凯·卡乌斯对儿子产生了厌恶之情，见面时无好脸色，尽说些尖刻的话。事情发展到父子反目，父亲竟要儿子经受火的考验以表示清白。西雅沃什说："这是父王的命令，我随时准备执行。"于是，一大堆柴火在广场上堆起，当柴火被点燃后，凯·卡乌斯爬上附近的山头对西雅沃什喊道："儿啊，如果你是清白的，请跳到烈火中吧！"西雅沃什骑着一匹白马，嘴里大声呼喊着神的名字，纵马跃入熊熊燃烧的火焰之中，顿时，在广场上围观的人们一片寂静。过了一会儿，令人吃惊的事发生了，西雅沃什毫发无损地出现在离广场不远的地方。事后，教士们将这火焰带到了火神庙，能做出正确判断的这团火至今仍然在波斯的神庙中燃烧着。

知识的源泉——布哈拉

经过火的审判，西雅沃什被认为是清白的。尽管如此，其父王还是将他调离京城，派他出任阿姆河南岸巴尔赫省的总督。内心受到伤害的西雅沃什在巴尔赫过着闷闷不乐的生活，他不想再待在波斯国，于是，渡过阿姆河来到了布哈拉村。布哈拉村村长阿弗拉西雅布收留了他，把女儿嫁给他并赐给他一块领地，西雅沃什在此建造了一个城堡，他常住在城堡中。以后，在城堡周围居住的人逐渐多了起来，形成了城市。

阿弗拉西雅布待西雅沃什比自己的儿子们还亲，西雅沃什遭到了他人的嫉妒。阿弗拉西亚布的兄弟加尔西瓦兹设计害死了他，并把他葬在城堡的东门外的某地。西雅沃什的死引起了人们的同情，不少人自发地悼念他。布哈拉的拜火教徒视他的埋葬地为圣地，每逢新年，人们一大早就来到墓前杀鸡祭奠他的亡灵；布哈拉人为他写的悼文四处流传，家喻户晓，乐师将悼文谱成歌曲演唱。

西雅沃什的死在波斯国内产生了极大的反响。把西雅沃什养大成人的拉什塔姆从锡斯坦率领一帮人未经允许就闯入波斯王宫，一把揪住了扫塔巴的头发，把她拖到外面，用剑将她剁成碎片。然后，他们全副武装前往布哈拉村，向杀害西雅沃什的人报仇。战争持续了很多年，双方阵亡人数有数千之多，西雅沃什修建的城堡在战争中坍塌，变成一片荒芜的废墟。直到7世纪下半叶，布哈拉国王比敦才在城堡坍塌的废墟上重建宫殿,由此也可以推断,公元7世纪时,布哈拉城的布局有城堡和城堡周围的居民区两部分。

据纳尔沙希的《布哈拉史》记,比敦重建城堡之事可能发生在阿拉伯人频繁入侵之前。有关布哈拉城堡的重建过程,《知识宝鉴》一书有较为详细的记载。书中说:布哈拉王在重建城堡,宫殿在临近竣工之时便倒塌了,重修几次的结果都是如此。为此,他召集了城中的智者询问缘由,智者们一致认为,只有根据天上的大熊星座分布图,用七根石柱按图排列组成栋梁,城堡才不会坍塌,城堡按此方式最终建好了。令人奇怪的是,城堡自建成以后,无一位统治者在城堡中被打败过,相反总是打胜仗;更令人惊奇的是,自此,布哈拉城的统治者没有一人死在城堡中,每当死亡之神临近之时,他们总是因某种原因外出,结果死在了城堡以外的其他地方。布哈拉国王复建的城堡有东西两扇门,从

阿拔斯帝国骑兵

东到西有一条路穿城而过，将两扇门连起来。布哈拉城的统治者、官员和将军都住在城堡中，城堡中除了统治者的宫殿外，还修建了监狱和法庭。

城堡外是内城，在阿拉伯语中内城称沙赫里斯坦（Shakhristan），内城是普通居民的生活区。内城划分为片区，除呼罗珊总督库泰拨划一区域让阿拉伯人居住外，其余城区大多数是以行业划分的。当时，金线刺绣师傅聚居区被称为金线刺绣道，制针工（苏扎加尔）所在区称苏扎加尔区，此外还有锅炉工区、陶工区、皮匠区、煮皂工区、毛皮衣工区，等等。其中，珠宝商人通常住在城市中心地带，而陶工、皮匠和制毡毯工人住在城郊紧靠河水的地方；铁匠住在城门入口处；制纸工和烧炭工住在城外。这种分区方式一直持续到18世纪下半叶的曼吉特王朝时期。各居民区有自己的管理者，他们的职责主要在经济和治安方面。7世纪的布哈拉内城面积（不包括城堡）有34公顷。随着人口的增长，内城沿着泽拉夫尚河南岸向东西两个方向扩展。清真寺的建筑反映了内城不断扩大的事实，最早的清真寺建筑在城堡内，794年至795年，在内城与城堡之间的开阔广场上建造了大清真寺，成为节日礼拜的场所。

8世纪末，阿拉伯人逐渐定居布哈拉内城。为了防御突厥人，阿拉伯人于公元782年至783年开始建造垒墙（即郛郭），垒墙将城堡和内城，以及内城外的一些村庄、灌溉渠与耕地都包围起来。据生活在 10 世纪上半叶的伊斯塔赫里记,东面距离布哈拉大约 43.7 公里的塔瓦维斯村镇在垒墙之内;据伊本·胡尔达兹比赫记,西面的垒城墙距离布哈拉内城有大约 18.7 公里;北面距离布哈拉城大约 24.96 公里的赞丹纳村也在垒墙之内。10 世纪末期成书的《世界境域志》记:"布哈拉领域的长宽各为 12 程(1 程约合 6.24 公里,12 程大约合 74.9 公里),全部由一道围墙环绕,没有间断;所有的堡坞与村庄都在这围墙之内。"据伊斯塔赫里记,垒墙建有 11 个城门。垒墙之外是郊区。垒墙建成之后,布哈拉城市布局由"城堡、内城和郊区"三个部分组成,这种布局是中亚城市的标准结构。

内城与城堡坐落在地势较高的地方,由于地势高,内城和城堡地表没有河流。纳尔沙希说,布哈拉及其附近村镇有大大小小十二条水渠,其中十一条是人工开凿的。这十二条渠的水流很丰富,沿途流经地区的土地都得到了灌溉。据《世界境域志》记,布哈拉地区湿润,生产大量的水果,有奔腾的河流;布哈拉内城的村庄一派欣欣向荣的景象,有大片的庄稼。

作为绿洲中心村镇

波罗豪兹:星期五清真寺

的布哈拉城是围绕着城堡扩建起来的。据7世纪上半叶成书的中国史籍《隋书》记，布哈拉城以城堡为中心，向外扩展共有五层；唐高僧玄奘的记载是，布哈拉城呈"东西长，南北狭"，这种布局是沿泽拉夫尚河南岸向东西扩展的结果。

第三章

显耀荣光

9世纪下半叶，布哈尔·护达丧失了在布哈拉城的统治权，巴尔赫地区的名门望族萨曼家族在布哈拉城建立了本族的统治，这一政权史称萨曼王朝。在萨曼王朝的统治下，布哈拉城迸发出耀眼的光芒。她以河中地区都城的面貌，以"伊斯兰教罗马"和"中亚麦加"的角色登上了历史舞台，开始了她的第一个辉煌时期（872—999）。

登峰之作的萨曼王陵

9世纪中叶以后，布哈拉城的建筑表现出古朴、典雅的风格。9世纪末在布哈拉城开始建筑的萨曼家族陵墓既保留了中亚建筑传统，又显示出伊斯兰风格。萨曼王陵是最让布哈拉城感到荣耀的建筑珍品，它的建造风格和庄严典雅的气质令人震撼，有人曾想把它搬回家去！第二次世界大战后，一个美国人来到布哈拉城，当他看到萨曼王陵之时，禁不住产生了将它买回家的冲动。他打算把它拆了，把砖一块一块地运往他在美国加利福尼亚州的庄园，然后再把它复原。然而，他一开口就遭到了守墓老人的严词拒绝："你就是把全世界百万富翁的金钱都给了我，萨曼王陵也是不能卖的，它是无价之宝！"布哈拉老人的话一点不夸张，任何人都看得出它的价值。

萨曼王陵是一座以赭黄色烧砖砌成的建筑，据说，这是中亚建筑中首次使用火烧砖。萨曼王陵的建筑地基不大，整个建筑呈立方体，立方体东南西北四面墙体用砖巧妙地搭建成各种

第三章　显耀荣光

各样的镂空图案，简洁中蕴含着丰富的变化，图案随日照角度的变化展现出不同的花样，使之具有神奇的魅力。立方体四面的中央都有呈尖拱形状的内凹门道，立方体的四根棱柱有四分之三外露。陵墓顶部为穹隆，屋顶中央是一个大半球形圆顶，四个角落是小半球形圆顶。

王陵结构简洁，纹理清晰，古朴刚劲，具有一种古典的美。萨曼王陵得以保存下来，既得益于干旱的自然条件，也得益于布哈拉人对它的保护。相传，成吉思汗攻打布哈拉城之时，当地居民用沙土把王陵掩埋成一个山丘，使这一伊斯兰式的建筑珍品躲过了连绵不断的战火，可见布哈拉人一直深知其重。1925年，俄罗斯考古学家使它重见天日。如今，亭亭玉立在布哈拉市公园的萨曼王陵在《世界文化遗产》的名录中有她的名字，在《世界建筑史》的教科书上有她的身影；她是到布哈拉城的穆斯林必朝拜的圣地，也是来布哈拉城观光的每一位游客不会错过的古迹。

萨曼王陵是萨曼家

萨曼王陵

族的墓地。萨曼王伊斯迈尔定都布哈拉城后,于892年开始为其父建造陵墓,这一工作直到他去世之后的943年(另有一说是902年)才完成。除伊斯迈尔的先祖外,伊斯迈尔及其后代子孙也都归葬其中。长眠在此的萨曼家族不仅让布哈拉城名声显赫,而且也在布哈拉城留下了许多值得回味的美好故事。

萨曼家族原居阿姆河南岸的巴尔赫地区,先祖萨曼在巴尔赫城附近建了一个村子,人称萨曼村。8世纪中叶,萨曼在当地的权力斗争中失势,前往阿拔斯帝国的统治重镇呼罗珊,向呼罗珊总督阿萨德求助,阿萨德出兵帮萨曼打败对手。重返故土的萨曼皈依了伊斯兰教,并给他的长子取名阿萨德,以示对总督的感激之情。

8世纪初,反阿拉伯人的起义四起,阿萨德的四个儿子参加了镇压撒马尔罕城起义的战争,为阿拔斯王朝立下了汗马功劳,得到阿拔斯哈里发麦蒙(813—833年在位)的重用。阿萨德的长子努赫被任命为撒马尔罕长官(819—842年在位),努赫一家从巴尔赫迁到撒马尔罕城。842年,努赫去世,他的兄弟阿赫麦德成了家族的掌门人。阿赫麦德去世(865年)以后,他的长子纳斯尔统治了撒马尔罕城(865—892)。872年,哈里发穆尔台米德颁发委任令,任命纳斯尔为河中地区总督,统治阿姆河以东地区,纳斯尔政权以后被称为萨曼王朝。886年,纳斯尔在撒马尔罕城铸造银币迪尔汗,他发行的迪尔汗币如今

第三章 显耀荣光

还保存在乌兹别克共和国塔什干历史博物馆中。

作为河中地区总督,纳斯尔派其弟伊斯迈尔去布哈拉城维持当地秩序。接到任务之后,伊斯迈尔匆忙出行,随身只带了少数扈从。他在离城不远的卡尔明纳村停了下来,派信使到布哈拉与城主哈瓦里吉谈判,在获得其家族世袭统治布哈拉城的保证后,哈瓦里吉向伊斯迈尔表示效忠,交出了自己的军队。874年6月25日,以法学家阿布·阿卜杜勒为首的布哈拉贵族到卡尔明纳迎接伊斯迈尔。7月4日,伊斯迈尔以布哈拉民众解放救星、法律和秩序保护者的身份进入布哈拉城。在欢迎仪式中,布哈拉人向伊斯迈尔身上撒金粉。

进城以后,伊斯迈尔背信弃义地把哈瓦里吉投入监狱,把以大富豪阿布·哈丁·雅沙里为首的一批贵族送到撒马尔罕城软禁起来。此举引起了布哈拉城民众的反抗,伊斯迈尔派警卫队镇压了起义。在对付当地贵族的斗争中,伊斯迈尔建立了一支以突厥人为主体的军队,这支军队以后发展到两万多人,成为伊斯迈尔在布哈拉城的统治基础。

伊斯迈尔统治布哈拉城后,纳斯尔派人传旨其弟说,布哈拉城每年应缴纳50万迪尔汗的年税,这一数字比以前的数额增加了1.5倍。885年,布哈拉城的税收未达到规定的数额,由此引起了纳斯尔的不满,兄弟间反目成仇。是年底,纳斯尔率军攻打布哈拉城,拉开了历时三年的兄弟内战。在经历几次失败之后，伊斯迈尔在888年12月26日的战斗中最终打败并俘虏了纳斯尔。伊斯迈尔礼待其兄，派将领护送他回撒马尔罕城。此后的日子相安无事。

892年8月21日，

卡梁清真寺回廊

纳斯尔去世，留下了伊斯迈尔继承河中地区总督职位的遗嘱。伊斯迈尔没有到撒马尔罕城任职，而是让纳斯尔之子阿赫麦德在撒马尔罕城实施统治，自己仍驻在根基深厚的布哈拉，这样，布哈拉成了萨曼王朝的都城。作为都城，东来西往的人都想到布哈拉看看，他们把希腊、罗马、阿拉伯、波斯、印度、中国等多种文化带到布哈拉，多元文化在此碰撞、融合，最终把布哈拉打造成了一口聚集世界科学文化的深井。

坚实城墙的伊斯迈尔

在萨曼家族成员中，伊斯迈尔是杰出的统治者，有关他的故事很多，先说一下布哈拉城墙的故事。今天我们对"城墙"和"围墙"的概念集中于"地界"的限定，但布哈拉最早建筑的城墙并非起着"界定地域"的作用，它是用来防御外来入侵的。透过古城墙遗址，今天仍然可以感受到布哈拉城民防御外敌的艰辛。

建筑城墙以防外来入侵者在中世纪初期已经开始。据说，782年，河中地区贵族跑到呼罗珊总督驻地莫夫城，向呼罗珊总督诉苦说："我们常受到突厥人的骚扰，他们经常突然到来抢劫村庄。前不久，他们又抢劫了沙姆敦村，并掳走穆斯林。"总督问："你们有什么建议，要我做什么呢？"来者回答说："古时候和蒙昧时代，突厥人常常掠夺粟特地区，当时粟特的一位女王在粟特周围建筑了城墙，解除了突厥人的威胁。"于是，总督下令布哈拉长官穆赫塔迪在布哈拉地区建造城墙，使布哈拉像撒马尔罕城一样，把所有的村子都围在城墙之内。接到命令以后，穆赫塔迪开始修筑城墙，这项工程由布哈拉城法官负责监管。849—850年（回历235年），将城堡和内城围起来的一道城墙建造起来，该城墙被称为垒墙。垒墙在每隔大约1公里处建造一个堡垒，在每隔大约6公里处建造了一个城门。以后，每位新任的布哈拉长官都要加固城墙。

伊斯迈尔初到布哈拉时也不断修筑城墙。当时，布哈拉城的西北方有花剌子模绿洲政权塔希尔王朝的残余势力，东北方有突厥游牧民，南方有正在向外扩张的萨法尔王朝。885年，花剌子模统治者胡赛因·本·塔希尔率领2000名士兵进犯。除了对付花剌子模绿洲政权外，伊斯迈尔还要防范锡尔河以北的游牧民。9世纪中叶以后，萨曼王朝曾频繁出兵攻打锡尔河东岸游牧的诸突厥部落，致使这些部落四处逃窜。893年，喀喇汗奥古尔·恰克的驻地塔剌思遭到萨曼军队的攻击，10000名士兵被杀，15000人被俘，其中包括了奥古尔·恰克的妻子。奥古尔·恰克率部众翻越天山，进入塔里木盆地南缘。此后，建筑防御游牧突厥人城墙的情况结束了，布哈拉城居民免除了修筑城墙的苦役，据《布哈拉史》记，伊斯迈尔发誓说："只要我还活着，我就是布哈拉的城墙！"

作为布哈拉城墙的伊斯迈尔不仅要抵挡锡尔河以北的突厥人，还要抵挡南方的萨法尔王朝。萨法尔王朝是继塔希尔王朝

第三章　显耀荣光

之后在阿姆河以南以西建立的王朝（867—1002），王朝初期的统治者阿蒙一度对阿拔斯帝国都城巴格达造成了威胁。哈里发在联合萨曼王朝共同对付阿蒙的计划中，曾对伊斯迈尔说了一番激励的话："去对付阿蒙吧，率领你的军队，把那个王国从他的手中夺过来，因为你更有权力统治呼罗珊和伊拉克。你要知道，多年来那是你父辈的王国，萨法尔王朝篡夺了它。首先，你有这权利；其次，你的行为更能让人接受；最后，我为你祈祷。考虑到以上三点，我毫不怀疑真主会支持你反对他。不要考虑你的给养少和军队小，注意真主曾说的：'少数的部队，蒙真主的佑助，往往战胜多数的部队！真主是与坚忍者同在的。'"

在哈里发的激励下，伊斯迈尔率领部队来到阿姆河南岸。他用鞭梢清点了人数，共计一万骑兵，其中大多数人只有木制的马镫；十人之中有一人没有盾牌；二十人之中有一人没有铠甲；五十人之中有一人没有长矛；阿蒙有七万骑兵，人人身着盔甲、手持武器。两军在巴尔赫城门下相遇，阿蒙战败被俘。史书说，这次胜利在世界上是一个奇迹。

阿蒙被关押起来等候哈里发的处置。伊斯迈尔派人对阿蒙说："别担心，我正准备请求哈里发免你一死。只要你生命无恙，你就可以安度余生，哪怕花掉我的全部财产，我也在所不惜。"阿蒙回话说："我明白我永远也不会摆脱这些锁链的束缚了，我没有多少日子可活了，除非我死，否则哈里发不会满意。"接着，阿蒙对来者耳语道："你去告诉伊斯迈尔'打败我的人不是你，而是你的虔诚、信念和品质，以及信徒之统帅对我的不满意。真主最近从我手中把该王国拿走，把它给了你，你更值得和更应该获得这种恩惠。我向真主屈服，除了美好的祝福外我别无他求。你在获得新王国的同时，你没有财富和赞助者。现在我和我的兄弟有许多财宝和窖藏的钱，这些财产的清单在我这儿；我把它们全部给你，这样你就会有补给和势力了，你应当搞到补给充实你的金库。"说完，他从衣袖内拿出了一份财产清单交给了来者。

当使者把清单放在伊斯迈尔面前时，伊斯迈尔面对贵族们说："这个阿蒙太狡猾了，他想把我们投入万劫不复的陷阱和圈套中。"他把清单还给使者说："把这份财产清单还给他，告诉他，'你以为用你的阴谋就能够躲过一切。什么时候财宝降临到你及你兄弟的头上了，难道是因为你父亲是铜匠并教了你这手艺？由于天意，你夺得了江山；通过冒险，你的事业兴盛。这些财产和钱全是你从百姓那儿敲诈勒索来的。它是老弱孤寡手中纺线的钱；它是过路人口中的食；它是弱者和孤儿的财产。明天，你将在真主面前对一分一毫做出回答，尝尝神的惩罚。现在你急于把这些罪孽转嫁到我们身上，以便在复活节次日，当债权人抓住你，向你索取你巧取豪夺的所有财产之时，

第三章　显耀荣光

你将会说:"我们从你们那儿得到的所有财产都给了伊斯迈尔,去向他要吧。"你把这些财产全部转让给我,我将无力回答那些债权人,无力经受真主的审判和愤怒。'"出于对真主的虔诚和畏惧,伊斯迈尔没有接受阿蒙的财产,没有被尘世的财物所迷惑。

作为布哈拉的城墙,伊斯迈尔不仅抵御了南北方向的外来入侵,还抵御了金钱的诱惑,史书评价他是一位公正和虔诚的统治者。关于伊斯迈尔的公正和虔诚也留下了许多传说。据说,他有一个习惯,在严寒和大雪纷飞的日子总是骑着马独自来到布哈拉城中心广场,坐在马上一直待到正午祈祷时间。他常常说:"可能会有含冤者来朝廷鸣冤,他们可能没有钱,在任何地方也没法容身。如果我们以寒冷和下雪为由而不出来,那么这些人就很难支撑下去,就见不到我们。如果他们知道我们就站在这儿,那么他就会来陈述冤情,并会满意地离去。"此番叙述如果真实的话,它反映了伊斯迈尔"保护弱者"的统治理念,这种理念一直是平民百姓寄予为官者的奢望。如今寒雪独立是不必要了,鸣冤的渠道很多,但"保护弱者"的施政理念仍然应该发扬光大。

还有其他一些记载反映了伊斯迈尔的统治理念。每逢节日,萨曼王要举行特别的觐见,在此前数日宫中预先贴出布告,让有冤者提前做好准备,写好诉状,收集证据。在觐见日

知识的源泉——布哈拉

那天,传令官站在宫门外大声宣告:"今天如果有人阻止他人呈交诉状,国王会让他流血!"接着,民众的诉状被一一收下放在伊斯迈尔面前,他一份一份地批阅。参加审理案件的大法官坐在他右边。案件中如果有涉及国王本人的指控就挑出来,大法官宣布,控告国王的原告站在一边,他们的案子将先行审理。国王会对大法官说:"在(至高无上的)真主的眼中,国王之错大于任何错。国王承认真主恩典的正确方法是照顾好他的臣民,给他们主持正义,使他们摆脱压迫者。当一位国王成为暴君时,他的所有廷臣都会开始施行暴政。他们会忘记真主,对真主的恩典忘恩负义。毫无疑问,真主在愤怒中会惩罚他们,不久世界将毁灭,由于他们的卑劣而一切都会被摧毁,王位也会转到另一家族手中。虔诚畏主的大法官啊,你不要违背你的良心而偏袒我,因为未来真主问及我的每一件事,我都会问到你,所以,在此我要你负起责任。"涉及国王的案子由大法官提前审理,大法官做出裁决后,把判决书全文给胜诉的一方。如果有人对国王伪造指控、缺乏证据,也将诏告天下:对国王和国家无礼挑剌的人要受到惩罚。这类案子审理完之后,国王回到王位,戴上王冠,面对贵族和侍从们说:"在开始继续我的审理之前,还有一件事,即如果你们之中有人心怀欺压别人的想法,那么应该抑制这些想法。现在你们中所有树敌的人都应该让对方得到满意的结果。"这一天,离国王最近

第三章　显耀荣光

的人都离国王远远的,最有势力的人也是最虚弱的人。

以上两个传说都是在伊斯迈尔去世之后一百多年,由塞尔柱帝国宰相尼扎姆给他的君主马立克讲述的。他为什么要特别讲述伊斯迈尔公正执法的故事呢?他是不是在强调当权者应该依法治国呢?还有一个令人奇怪的现象,在尼扎姆讲故事之前一百多年完成的《布哈拉史》中,它的开篇不是写城市的产生或构建,也不是写城市的历代统治者,第一章写的是"布哈拉城的法官"!书中写了法学家希巴韦在任布哈拉城法官时,从不枉法,不愿任何人枉受一点损失;写了布哈拉城法官赛义德·伊本·哈拉甫·巴希尔在828年制定了一条公正无私而又行之有效的法令,它使豪强不能横行,懦弱者不受欺凌;写了穆罕默德·伊本·玉素福在任布哈拉法官时,不为收买和贿赂所动,一直保持廉洁。在写了好几位法官之后,《布哈拉史》才开始叙述作为一部城市史应该让人了解的东西。有种说法是:过去的一切不是被保留下来的,而是在现实基础上被重新建构的。果真如此的话,是否可以推断:尼扎姆讲的故事和《布哈拉史》撰写的方式反映了当时依法治国已经深入人心?是否说明中世纪的布哈拉城民很在乎法官,更强调依法办事?

国际视野的纳斯尔

907年11月26日，伟大的伊斯迈尔在布哈拉城病逝，他的儿子阿合马德继承了王位。阿合马德在位期间（907—914），被伊斯迈尔打败的萨法尔王朝开始了复国运动。910年，阿合马德从布哈拉赶往呼罗珊平定了叛乱，突厥将领西木居尔在平叛中成绩显著。战争结束以后，913年，阿合马德任命西木居尔为锡斯坦总督，任命军事贵族担任外省总督的做法导致了严重后果，军人地位的上升威胁着萨曼家族的统治。于是，阿合马德又朝相反方向努力，开始压制突厥人，重用波斯人。此举激化了他与突厥侍卫之间的矛盾，矛盾尖锐到了阿合马德必须在卧室门口拴上一只小狮子才能安睡的程度。914年初的一天，他忘了拴狮子，一群突厥侍卫冲入营帐砍下他的头。可以说，在萨曼王朝君主中，阿合马德无足轻重，比他的父亲差多了。

阿合马德死后，他的儿子纳斯尔继位（914—943年在位），因伊斯迈尔的哥哥也叫纳斯尔，后世将他称为纳斯尔二

第三章 显耀荣光

世,下面将要介绍的史书《布哈拉史》就是献给他的。纳斯尔二世是一位有作为的统治者,他一心想把布哈拉城打造成为世界瞩目的政治中心,有关这方面的事迹很多。首先,他在布哈拉城堡的里吉斯坦区修建了华丽的宫殿,在宫廷门外建造了宰相、财政大臣、侍卫长、邮传大臣等九部大臣的官邸,各部有了自己的办公场所,不像以往那样,官员们在宫廷内窜来窜去的。

其次,纳斯尔有一副现代外交讲究排场和宣扬军威的做派,他在939年9月至940年8月接待"中国使团"的场面被记录下来。当"中国使团"抵达萨曼王朝东部属地拔汗那时,纳斯尔命令拔汗那统治者热情接待,并要他们把拔汗那的正规军和志愿兵全部集合起来,骑马随中国使团前行。与此同时,纳斯尔写信给苏对沙那、柘析、白水城、法拉卜等城的官员,命令他们派士兵骑马到布哈拉城集中。这些骑兵和步兵排在泰瓦维斯村到布哈拉城之间大约44公里的道路两旁作为仪仗队迎接使团,仪仗队全部佩有镀金的胸甲和头盔,高级军官还有镀金的马鞍和五彩缤纷的铠甲。

使团进入布哈拉城后,被带到风景宜人的别墅区。在此,使团受到了总数达4万人的骑兵队伍的欢迎,这些骑兵腰束金带,身佩金剑,手持金权杖。使团成员发现平原上到处是胸甲、头盔、剑矛,还有数不清的旗帜和旗标,它们在阳光下熠熠生辉。中国使团从 200 名全副武装的勇士和 50 头驯兽组成的仪仗队前经过,被带到坐在镀金御座上的纳斯尔面前。纳斯尔头戴王冠,座前蹲着两头猛兽。中国使团被威武的勇士和怒吼的驯兽震慑,不敢向萨曼王呈上带有恫吓语气的、要求萨曼王纳贡的国书。退场后,他们被安置在专门接待外交使节的驿馆中。40 天后,他们才鼓足勇气递上了国书,纳斯尔写了回信,以同样恫吓的语气拒绝了纳贡的要求。然后,派人护送使团回国。

另一桩外交事件也发生在纳斯尔统治时期。942 年,中国国王哈里姆·本·沙乞儿的一位使臣来到布哈拉宫廷,意欲娶萨曼公主为妻。纳斯尔拒绝把女儿嫁给异教徒,但他希望自己能够迎娶一位中国公主。在使臣回国之时,纳斯尔派使者随行回访,此人是在纳斯尔宫中效力的阿拉伯诗人米撒儿。米撒儿一行从布哈拉城出发,来到中国都城 Sandābil,在此待了一段时间,然后带着纳斯尔将要迎娶的中国公主经印度返回布哈拉城。在他们抵达布哈拉城时,纳斯尔已经去世,后来这位中国公主与纳斯尔之子、萨曼王努赫(943—954 年在位)结了婚。后来,米撒儿写了《行纪》一书。如今《行纪》原文已失,从后世学者的辑录中可以了解布哈拉使者一行到中国西北的行程,以及沿途部族、宗教、风土等情况。

中外学者对上述故事做了认真研究和考证,一致认为上述

第三章　显耀荣光

记载基本上是真实的。不过，英国学者博斯沃思认为以上两起外交事件的时间如此接近，可能说的是同一件事，而派出中国使团的国王是中国西北喀喇汗王朝的君主；中国学者马雍先生认为以上是两回事，第一次到访的中国使团不是喀喇汗王朝君主派出的，而是于阗大宝王国国王李圣天所派；第二次米撒儿出访的是喀喇汗王朝的萨图克汗。至于中国都城 Sandābil，更是众说纷纭，这些疑点是治中亚史的后学们研究的对象。纳斯尔在位时期，萨曼王朝在东西方世界产生了影响，在他之后，萨曼王朝开始走下坡路。

划过天际的流星

在历史的星空中，萨曼王朝只是划过天际的一颗流星，明亮耀眼的光芒一闪而过，从星空中陨落了。在接待"中国使团"的排场背后，纳斯尔国王的一生都活在政变的阴影之中，最终也是在突厥军队与宗教界的逼迫下退位的。萨曼王朝统治者的公开身份是以布哈拉为都城的呼罗珊和河中地区的埃米尔。政权核心由王朝指派的各种辅助官员统治；边境地带常常由古代地区王朝后裔的边境王公（mulūk-i atrāf）统治。当中央政府的力量削弱之时，在此结构中固有的离心倾向便开始浮现。

纳斯尔国王经历的第一次政变有惊无险。929 年至 930 年间，纳斯尔离开布哈拉城前往尼沙普尔，被他囚禁在布哈拉城城堡的三个兄弟逃了出来，掌握了布哈拉城的统治权。夺权行为得到了军队的支持，由一位名叫阿布·巴克尔的面包师出面实施的。时任萨曼王朝宰相的阿布·法德勒·巴尔阿米与宗

第三章 显耀荣光

教界联合,将政变首要人物面包师阿布·巴克尔抓获并鞭打致死。当纳斯尔率军返回布哈拉时,政变已经平息。参与叛乱的一个兄弟逃走,另外两兄弟得到了纳斯尔的宽恕,仍然留在布哈拉城。

虽然有惊无险,但这些内部斗争削弱了纳斯尔的统治,拥兵自重的军事将领仍在进行着颠覆政权的活动。942年,布哈拉城发生地震,纳斯尔的得力助手、宰相阿布·阿里·贾哈尼在地震中丧生。第二年,943年,军队统帅开始谋划政变,企图取而代之。一位名叫塔兰·奥卡的年长军官献计,统帅按照他的计谋开始了以下行动。

一天,统帅对国王纳斯尔说:"军队要去八拉沙衮进行圣战,军官和士兵们都要我举行临行酒会宴请他们。"纳斯尔说:"如果你有财力,就招待他们吧。"统帅回答说:"奴才不缺少食物和饮料,但缺乏地毯、家具和像金、银一类的节日装饰品。应该是尽力把宴会办好呢,还是草率了事?"纳斯尔说:"你可以从我的财库、地窖和储藏室中去取你所需要的这些东西。"统帅鞠躬退出,向全军发布通知,某天某时前来家中赴宴。然后,他把在国王财库、地窖和储藏室中能够发现的金、银盘,精美地毯和其他值钱的东西全部带到家中,在家中摆了一场在那个时代从来没有见过的宴席。按计划,他把大门关上,将贵族和军官们引到一个房间,要他们宣誓效忠。此时,有一人爬上屋顶溜走，向纳斯尔之子努赫报告了刚才发生的一切。努赫跨马飞奔到宫中，对父亲说："你的军官们此时正在某家中宣誓进行阴谋活动，你为什么还坐在这儿？宴会一结束，他们就将去饮酒厅，在饮完三杯葡萄酒之后，统帅将把所有从你的财库中拿出来的金、银物品分给他们，接着，他们就会直奔宫中，杀死你和我。这次宴会的目的就是消灭我们。"纳斯尔说："现在我们该怎么办？"努赫说："现在你能做的事是在他们吃完饭前往饮酒厅之前，派两个心腹去统帅家对他说，国王让他到宫中取一个价值1000万迪尔汗的、镶嵌珠宝的金托盘。等他来取时，我们就砍下他的头。此后的事交给我来办。"

纳斯尔立即派两个亲信去传达信息。当时，人们正忙着用餐。统帅获悉消息之后，有些犹豫，便问手下去还是不去，手下说："去吧，取回来，因为这符合我们今天攫取一切的要求。"统帅一口气跑到宫中，等候他的侍从们砍了他的头，把它放入一个口袋中。纳斯尔和努赫带着这个口袋骑马直奔统帅家。见到纳斯尔与努赫，军官们以为国王及王子前来参加宴会，全体起立迎接。纳斯尔进来坐在他应该坐的位置上，武装士兵站在其后，努赫站在其右。纳斯尔说："请坐下用餐吧。"军官们继续吃起来。接着，纳斯尔说："告诉大家，我已经知道了你们的阴谋。"说着，从口袋拿出统帅的头，把它扔在他的同伙面前。军官们惊呆了，吓得说不出话来，立即匍匐在地，把所有责任都归到统帅身上。接着，纳斯尔说："如今你们不信任我了，我也不信任你们；你们不再是我的士兵，我也没有资格再做你们的国王。如果因为我误入迷途，或者接受了异教教义，或者犯下了冒犯你们的其他大罪的话，那么，可以肯定的是，我的儿子没有什么过错。"他又说："我提名我的儿子努赫做我的继承人；他现在是你们的国王。"努赫马上说："听着，过去的事情已经过去，现在我把你们的错误看成能够改正的，我可以满足你们的所有愿望，服从我的命令，去做好你们的事情。"他下令取枷锁来，给其父上了脚镣，送往监狱。

努赫继位（943—954年在位）后，一心想整肃国家，有所作为。在新上任的宰相阿布尔·法德尔的辅佐下，遏制了突厥军事贵族和其他官兵的专横跋扈、敲诈勒索；伊斯兰异端运动在全国范围遭到镇压，其中主要针对什叶派，大批什叶派教徒被杀，他们的活动转入地下。以上措施损害了军界和宗教界的利益，军界与宗教界联合起来对付王权。斗争的结果，努赫以处死宰相阿布尔·法德尔（946年）为自己开脱。此后，军队贵族掌控了萨曼王朝的政务，努赫成了傀儡。

954年8月，努赫去世，长子马立克继承王位。马立克在位时间不长（954—961年在位），但他一直在与突厥军事力量做斗争。960年，马立克与宰相玉素甫·本·伊沙克采取了削弱突厥军队首领势力的行动，处死了军队的一员高级将领。

这一行动不仅未能达到预期的结果，反而引起了政局的混乱。961年11月，马立克坠马身亡，时任宰相玉素甫·本·伊沙克把马立克之子曼苏尔·伊本·努赫扶上王位。

马立克的猝死加剧了形势的动荡，布哈拉宫殿遭到奴仆的抢劫和焚烧。曼苏尔时期（961—976年在位），突厥军事贵族集团开始分裂，不同派系之间争权夺利的斗争在萨曼王朝政治生活中日益尖锐。在此时期，阿姆河以南的阿富汗分裂出去，建立了半独立的伽色尼王朝。976年6月，曼苏尔去世，其子卡西姆·努赫继位，史称努赫二世（976—997年在位）。努赫即位时年仅13岁，由母亲及宰相阿合马德·乌特比摄政。在乌特比任宰相初期（977—982），王朝对军人采取安抚政策，特别优待军队统帅西木居尔。西木居尔的势力强大，实际上成了萨曼王朝的真正统治者。

982年初，努赫长大成人，宰相乌特比一改对军队的安抚政策，罢了西木居尔的官，让亲信阿拔斯·伊·塔斯接任呼罗珊部队司令之职。呼罗珊军队当时是萨曼王朝唯一一支有点战斗力的正规军队。西木居尔岂会善罢甘休，他暗下勾结宫廷大臣法伊克，两人雇刺客暗杀了乌特比，乌特比被害消息一传出，布哈拉城发生了动乱。

内乱发生期间，锡尔河北岸的游牧民开始入侵河中地区。990年，突厥政权喀喇汗王朝军队攻入萨曼王朝属地锡尔河北

第三章　显耀荣光

岸的白水城,当地贵族将喀喇汗王哈桑迎进城。两年以后,哈桑开始向河中地区进军,萨曼王努赫二世企图动员全国力量进行抵抗,但他的号召得不到人民的支持,将领们也纷纷叛变,他只好逃出布哈拉城。哈桑在萨曼王朝宫廷大臣法伊克的欢迎下进驻布哈拉王宫。然而,哈桑未能在布哈拉城立足,在当地居民的反抗下,喀喇汗军队撤离布哈拉城。996年,喀喇汗王朝驻乌兹根的统治者纳赛尔·本·阿里再次入侵布哈拉城,这一次几乎是兵不血刃地进入了布哈拉城,俘获了萨曼王及王室成员,将他们送往乌兹根关押。统治中亚一百多年的萨曼王朝灭亡了,此后,在布哈拉政治舞台上表演的是突厥人。

光芒四射的群星

萨曼王朝统治中亚一百多年，在其统治期间，都城布哈拉建造了规模宏大、馆藏丰富的宫廷图书馆，藏有珍贵手稿和伊斯兰经籍，每一门科学和文学书籍都分门别类地设置了专门的陈列室以资利用；这些设施吸引了阿拔斯帝国的各地学者和阿拔斯帝国境外的东西方学者；云集在布哈拉的学者们在此研讨学问、切磋修养，一批享誉世界的学者和彪炳千古的著作在布哈拉城涌现，产生了百科全书式的人物阿维森纳。

阿拉伯人征服河中地区后，大力宣传伊斯兰文化。伊斯兰文化的传播最初遭到中亚居民的抵制，随着伊斯兰教在中亚的确立，中亚土生土长的文化人已经没有了早期的抵触情绪，伊斯兰文化也逐渐融入了中亚本土文化之中。萨曼王朝是说东伊朗语的波斯人建立的政权，在其统治时期，统治者弘扬的波斯文化，有人称萨曼王朝时期为"波斯文化的复兴时期"，实际上，萨曼时期的文化已经不是纯粹的古波斯文化，而是在古波

第三章 显耀荣光

斯文化基础上,吸收和融合了中亚本土文化和伊斯兰文化的一种新型文化,即伊斯兰—波斯文化。因此,"波斯文化的复兴"实际上是一种新文化的形成。

新文化形成的一个明显标志是达里语的推广和流行。9世纪初,除了宗教用语仍是阿拉伯语外,萨曼王朝使用的官方语是呼罗珊地区兴起的达里语。达里语的最终确立几经反复。第二任萨曼国王阿合马德(907—914)重用通晓阿拉伯语的官员,曾经发布命令,政府公告和法令必须使用阿拉伯文。但此令不久被废除,阿合马德在尖锐的社会冲突中被杀。后来的萨曼国王提倡达里语,将早期的阿拉伯文诗歌和散文译成达里语,用达里语创作或写作的人越来越多;经过几位萨曼王的提倡,到962年,达里语在萨曼王朝获得了一统地位。

最初是将阿拉伯文的一些著作翻译成达里语,其中,宰相巴尔阿米受国王曼苏尔之命,将塔巴里(839—923)编的《古兰经注》译成达里文,将该作者《历代先知与帝王》一书中有关波斯和中亚的部分也译成达里文。10世纪,出现了以达里语创作的文学。从四面八方汇集到布哈拉的文人、学者们用达里文写作。布哈拉城涌现出一批用达里语创作的文学家,鲁达基(858?—941)和塔吉基(?—977)是他们中的代表人物。

被誉为波斯文学之父的鲁达基是波斯古典诗歌的奠基人。鲁达基出生在今塔吉克斯坦品治肯特附近的彭杰鲁达克村,年轻时来到萨曼王朝宫廷,在布哈拉城度过了自己的一生。鲁达基的诗歌成就首先是完善了波斯叙事诗、颂诗、抒情诗和四行诗四种诗体。在抒情诗中,鲁达基的豪迈诗句流传至今:"应去奋勇杀敌,以使敌人心惊胆战;应当慷慨济友,以使朋友解脱贫寒。"(何乃英编著:《伊朗古今名诗选评》,北京师范大学出版社1992年版,第48页)在《暮年颂》诗中,鲁达基似在悲叹暮年,实际上充满了对青春年少豪爽快乐的赞美。

塔吉基的出生地有两种说法,有人认为他出生于呼罗珊的徒思城,另有人认为他出生于布哈拉城。塔吉基早年在萨曼王朝繁华的石汗那官邸效力,在此开始了文学生涯。成名后,被召到萨曼王朝宫廷,来到了布哈拉城。按萨曼王努赫二世的命令,塔吉基将曼苏尔·巴里希的散文《王书》改写为诗歌,在改写工作尚未结束时,塔吉基于977年被他的一个奴仆杀害。塔吉基撰写的一些诗文后来被费尔多西收入《列王纪》史诗中,现存的塔吉基作品还有颂诗、抒情诗、短诗句和两行诗,他的诗对后世波斯文学的发展产生了很大影响。

萨曼王朝在复兴波斯语言和文字的过程中,以及对达里语和达里文的提倡,使中亚地区原来的一些方言弃而不用,逐渐成为一种死文字,如粟特语被边缘化,只在边远的农村使用。不过,阿拉伯语和阿拉伯文并未被排挤出中亚,宗教和某些官方文书,如祈祷和布道,撰写法律、哲学和科学著作,以及记

第三章 显耀荣光

录和档案中继续使用阿拉伯语和阿拉伯文。

史学上特别值得一提的是 943 年至 944 年写成的《布哈拉史》，作者纳尔沙希出生在布哈拉城附近的纳尔沙赫村，生活在萨曼王朝兴盛时代。该书从古代布哈拉村镇一直写到萨曼王朝中期的 943 年，以后不断有续写面世。波斯文译者将《布哈拉史》从 943 年续写到 975 年；以后，一位名叫穆罕默德·伊本·祖费尔的学者根据尼沙布里的《知识宝鉴》对《布哈拉史》做了增补；再往后，一位没有留下姓名的作者将此书续写到 13 世纪初蒙古征服时期。可见，布哈拉城一直受到人们的关注，她的历史不断有人在续写。

1832 年，《布哈拉史》的一个手抄本首次在欧洲出现，1892 年在巴黎印刷出版；1897 年在塔什干出版了俄译本，1939 年在德黑兰出版了波斯文本，1954 年剑桥大学出版社出版了英文本；弗莱的英文本收集了 40 余种版本做校勘用。

《布哈拉史》是河中地区保存下来的唯一一部城市史。据《布哈拉史》记，在萨曼王朝时期，布哈拉城"城堡、内城和郊区"的布局明朗化。统治者居住的城堡位于布哈拉城的西北角，城堡遗址是一个巨大的长方形土丘，四周城墙环绕，如今的遗址古城墙仅遗存了小部分。城堡内建有宫殿，相传宫殿按照大熊星座分布图，用七根石柱子支撑。城堡是布哈拉城统治者生活、执政的场所，同时也是藏匿珠宝和关押囚犯的地方。

城堡城墙上开有东、西两个门,东门是"吉里雅恩门"(即礼拜五清真寺门),西门名叫"里吉斯坦门"(西门出来是今布哈拉中心广场)。据纳尔沙希记,西门是一个长达六十步的巨形拱建筑,城门很坚固,城门下有很多房屋,这一带主要是阿拉伯人居住区。有一条穿城而过的街道将东、西门连接。在以后的岁月中,布哈拉城堡毁了又建,建了又毁。建于7世纪的布哈拉城堡在阿拉伯人征服中被毁,到喀喇汗王朝穆罕默德·本·苏来曼统治时期(1102—1130)得以修复。1139年至1140年,在卡特万战争中城堡又被摧毁,两年后,西辽统治者阿尔普特勤又重建,据说他建的城堡比以往的都好。回历548年(1153年),城堡又毁于阿富汗山区的古思人之手,到回历604年(1207—1208)花剌子模国王摩诃末又重建了城堡,但很快它将被成吉思汗的蒙古人毁掉。

据《布哈拉史》记,布哈拉内城建筑了城墙,将内城与郊区和贸易区分开。内城城墙有7个城门,第一道门是"香料主"之门,从此门到鲁恩之间的地区是阿拉伯拉比亚部落和木达尔部落的居住区;将"香料主"之门朝右的地区是库泰拔手下名将瓦兹尔·伊本·艾无布·哈桑的居住区。

《布哈拉史》的作者纳尔沙希经历了布哈拉城的繁荣,他用阿拉伯文记录了公元前9世纪发生的一些传说。这些故事不仅讲述了布哈拉城的屈辱,也讲述了令布哈拉城名垂千古的事

第三章　显耀荣光

实。通过这些弥足珍贵的记录，我们知道了布哈拉城堡的故事，认识了布哈拉城的女王，领教了阿拉伯铁骑的蛮横无理和敲诈勒索，了解了巴尔赫的萨曼家族在布哈拉城的发迹，清楚了布哈拉城的城市规划、城市风貌，等等。

在阿拉伯帝国向外扩张时期，阿拉伯文化与各地文化交流融合，吸收了希腊、罗马、波斯、印度和中国的文化精髓；在阿拔斯王朝时期，王朝统治者组织了著名的"百年译经"运动。布哈拉城在这一运动中受益，开始走向科学前沿，出现了一批数学、天文、医药等科学著作。通过"百年译经运动"，布哈拉城的学者吸收了古代希腊、印度数学的成就，其中，医学方面的成就显著。艾赫瓦尼·布哈里是第一位用波斯语撰写医学论文的人，他在著作中论述了人体解剖和人体生理、疾病和治疗、用药剂量等问题，他发明的药方多达 10 种。在他之后的集大成者是阿维森纳。

伊本·西拿（980—1039）是萨曼王朝时期成长起来的，在伊斯兰世界中发出灿烂光芒的一颗星星。他生于布哈拉郊区赫尔麦森镇附近的艾弗申村，世人所知的名字是阿维森纳。阿维森纳的父母都是虔诚的穆斯林，父亲阿杜勒是中亚呼罗珊地区巴尔赫人，是萨曼王朝派往艾弗申村的一个收税官，母亲希塔腊是本村人；父母婚后于回历 370 年 2 月（980 年 8 月）在艾弗申村生下阿维森纳。有一种观点认为，一个人能否出人头地，能否流芳百世与他的出生地和时间有着举足轻重的作用，这话在阿维森纳身上应验了。阿维森纳早年生活的艾弗申村离布哈拉城不远，而当时布哈拉城有许多大图书馆，这些图书馆吸引了一大批来自四面八方的学者和文学家。这种学术气氛对幼年和青年时代的阿维森纳产生了很大影响。父亲为他指定了一些老师，他学习了阿拉伯语和文学，10岁就能背诵许多阿拉伯文诗歌和伊斯兰教圣典《古兰经》的全部经文。17岁时，他掌握了逻辑学、数学、天文学等知识。据说，为了读懂亚里士多德所著《形而上学》，他曾通读全书40遍，直到读了中亚哲学家法拉比《论亚里士多德〈形而上学〉》一文，才彻悟了书中的艰深哲理。有人曾经问先知穆罕默德："谁是大学问家？"先知回答说："不断向别人求教的人是大学问家，因为他对学问如饥似渴。"自幼好学，勤于请教的阿维森纳日后果然成了大学问家。

18岁那年，阿维森纳被召入宫，成为萨曼国王曼苏尔的侍医，获得了进入皇家图书馆看书的资格，有机会接触到一批珍本、手稿。他在该图书馆博览群书，不分昼夜，潜心学习三年，为以后的研究和著述打下了坚实的基础。萨曼王朝灭亡以后，他到花剌子模避难。伽色尼王朝素丹马赫穆德邀请他到阿富汗加兹尼城，他没有答应。后来，他经呼罗珊的徒思城去了古尔甘，最后来到伊斯法罕。回历428年9月（公元1039年6

第三章 显耀荣光

月)他在伊斯法罕去世,终年58岁,葬于今伊朗西部哈马丹城附近。

阿维森纳一生写了99部书,内容涉及哲学、医学、几何学、天文学、教义学、语言学和艺术。在哲学方面,阿维森纳主张新柏拉图主义的"流溢说"。流溢说最初由埃及人普罗提诺(204—270)提出,普罗提诺认为,存在的一切都是由"太一"(hen)产生出来的,"太一"因自身充盈,故而要溢出,溢出却无损于自身的完满,犹如太阳放射光芒而无损自身的光辉一样。阿维森纳接受并发展了"流溢说"。阿维森纳在逻辑学上也做出了贡献。他认为:"逻辑学是一门科学,借助于它能认识如何把人们头脑中已有的事物转变到他所认识的事物的各种不同的方法。"阿维森纳注重范畴、定义和证明,他确定了三大范畴:可能(物质)、必然(真主)和现实(世界),把这三大范畴作为形而上学的基础;他擅长定义,力图通过对事物的界定确切把握其本质特征,确定概念的内涵和外延;在证明方面,他认为主要具备三个要素:前提、内容、问题,即通过一定的前提,从具体内容中导出结论,解决问题。他强调逻辑思维和具体经验的统一,理论和实践的统一,注意丰富的内容而不是追求空洞的形式。他认为逻辑的训练包括对词、概念和命题表达方式的研究,"逻辑应提供研究事物本质的方法"。他的这些观点直接被经院逻辑学家引用。阿维森纳在他的一本著作里提出，6岁儿童应该接受小学教育，一直至14岁。他谈论了接受学校教育的好处，在他写的一篇名为"教师教化儿童所担当的角色"的文章中，他提到班级形式的教学效果优于私人导师，不仅谈了其中的原因，而且还引证了竞争的价值及辩论的用处。

阿维森纳最大的成就在医学上，他继承了古希腊医学家希波克拉特和盖隆的成就，写了一部《医典》。全书共分5卷，约100万字。第1、2卷论述医学原理；第3、4卷介绍治疗方法；第5卷讨论药物。这部巨著第一次确认了结核病的传染性，第一次发现并鉴别了脑膜炎，鉴别了肺炎和胸膜炎、脑外伤和脑内部疾患造成的麻痹症，并提出了诸多疾病的治疗方法。在此书中，他详细介绍了760种药物的性能。

《医典》代表了当时医学最高成就，一经问世就被伊斯兰世界、欧洲的医学界推崇备至。在12世纪至17世纪中叶的近600年中，《医典》一直是欧亚各地的主要医学教科书，被译成拉丁文（12世纪）、古代希伯来文、乌尔都文等文字，其中拉丁文译本发行了30个版本。《医典》奠定了阿维森纳成为世界级文化名人的地位。除了天赋和个人的努力之外，作为萨曼王朝政治、经济、文化中心的布哈拉城养育了和成就了阿维森纳。

第四章

继往开来

萨曼王朝灭亡了，历经辉煌的布哈拉城却获得了永生，成为"给所有伊斯兰教徒带来荣耀与欢愉"的伊斯兰教圣地。1993年，布哈拉城历史文化中心被列入《世界遗产名录》，联合国教科文组织对此的评定意见之一是：布哈拉城的布局与建筑对中亚广大地区的城市规划与演变起到了深远的影响。这一价值形成于萨曼王朝时期，继之而起的喀喇汗王朝将它进一步发扬光大。

承上启下的突厥政权
——游牧汗国的统治

840年,在蒙古高原实施统治的回鹘人被黠戛斯人赶走,西迁到了锡尔河以北地区。在此,回鹘人与该地区的土著突厥人一起共建了一个游牧政权,史称喀喇汗王朝。喀喇汗王朝的统治中心在八拉沙衮(今吉尔吉斯斯坦共和国托克马克东10公里处)。991年至999年,喀喇汗王朝统治者两次向萨曼王朝都城布哈拉进军,初从白水城长途奔袭,继而从费尔干纳盆地稳扎稳打,最终占领了布哈拉城。

像伊斯迈尔一样自信的萨曼统治者们也许是大意了,对国家东部边界的防御日渐减弱,当强悍的草原牧民开始侵占绿洲城市之时,"布哈拉城墙"伊斯迈尔的柔弱子孙们无力阻挡。布哈拉城受到喀喇汗的第一次攻击在992年,萨曼国王努赫由于军队将领的背叛不得不逃走,喀喇汗哈仑得以顺利进入了布哈拉城。在短短的时间里,哈仑在布哈拉城以博格拉汗的名义铸造了自己的钱币。据记载，哈仑因气候和水土不服而病倒，撤离了布哈拉城，并沿着原来的进军方向朝八拉沙衮撤退，途中病逝；另一种说法是布哈拉城爆发了起义，把他赶走。萨曼国王努赫得以返回都城。

999 年，喀喇汗王朝第二次向布哈拉城发起攻击。这一次，哈仑的侄儿纳赛尔在几乎没有遇到抵抗的情况下占领了布哈拉城，萨曼国王马立克被俘。据说，喀喇汗王朝顺利夺取布哈拉城与他们的伊斯兰教信仰有一定关系。当喀喇汗王朝军队逼近布哈拉城之时，城里宗教首领号召市民说："如果喀喇汗国是为了宗教与萨曼王朝战争，那么，我们必须与他们作战；如果两国是为了财富而战，那么，我们就不允许穆斯林之间自相残杀。这些人（即喀喇汗国）的生活方式非常好，并且他们的信仰是无可责难的，（因此），最好是放弃抵抗。"纳赛尔推翻了萨曼王朝，但他并未留在布哈拉城，在此安置了一位总督后，便返回自己的封地讹迹邗（乌兹根），同时将萨曼国王马立克及其他王室成员也带到讹迹邗关押。喀喇汗王朝是突厥人在河中地区建立的第一个王朝。

1041 年，纳赛尔之子桃花石·博格拉汗在撒马尔罕城宣布独立，喀喇汗王朝分裂为东西两部，以撒马尔罕城为都的独立政权被称为西喀喇汗王朝。西喀喇汗王朝在河中地区实施统治有一百多年（1041—1212）。在西喀喇汗王朝统治时期，布哈拉城丧失了首都地位；然而，作为河中地区的第二大城市，她依然散发着伊斯兰文化的光芒，并且以她的文化吸引着世界的目光。

西喀喇汗王朝在中亚的统治是不稳固的。阿黑马德汗在位期间（1089—1095），由于王权与教权之争，他处死了伊斯兰教大法官阿布·纳斯尔，引起了在伊斯法罕实施统治的塞尔柱帝国的武装干预。1089 年，塞尔柱帝国素丹马立克沙在宰相尼扎姆·莫尔克的陪同下来到布哈拉城，并以此为基地向都城撒马尔罕发起进攻。西喀喇汗国守不住城池，撒马尔罕被攻陷，躲在暗室中的阿黑马德被俘，被送往伊斯法罕关押，塞尔柱帝国在此安排一位总督。后来，撒马尔罕城居民将总督赶走，马立克沙又恢复了阿黑马德在撒马尔罕城的统治。以后，在塞尔柱素丹的操纵下，西喀喇汗国统治者频繁更替，直到穆罕默德·本·苏来曼登上汗位（1102—1130），政局才稳定下来。

苏来曼是一位有作为的统治者，历史上以狮子汗穆罕默德（阿尔斯兰汗·穆罕默德）称呼他。狮子汗穆罕默德在塞尔柱素丹的扶持下统治了二十余年，他的女儿嫁给了塞尔柱帝国素丹桑扎尔。在位期间，他重修了布哈拉城的内、外城墙和古城堡。为了表示对伊斯兰教的虔诚，他修建了许多宗教建筑，其中，布哈拉城的城标建筑——卡梁建筑群就是在他的倡导和支持下建起来的。

气势恢宏的城标建筑
——卡梁建筑群

布哈拉城作为伊斯兰文化的不朽地位是在萨曼王朝时期奠定的,萨曼家族确立的行政和文化风格在不同程度上被后来统治河中地区的政权继承下来。在喀喇汗王朝统治时期,布哈拉城政治中心的位置让给了撒马尔罕,但她仍然是伊斯兰教和伊斯兰文化的中心。这一时期,布哈拉城在建筑上的成就尤其显著。在继续保留萨曼时期建筑风格的同时,喀喇汗王朝统治者在布哈拉城修建了规模宏大的、贴有蓝色瓷砖的建筑,如今伫立在布哈拉市广场的城标性建筑卡梁清真寺(大清真寺)和卡梁宣礼塔就是这一时期的代表作。

狮子汗穆罕默德于1121年开始建造卡梁清真寺,其地点选在当时布哈拉城区中心一个空旷的广场上,是一个长127米,宽78米的长方形建筑。清真寺内十分简洁,有一宽阔的方形院落,四个平顶凉亭,周围是圆顶回廊,共有288个圆顶;靠近

知识的源泉——布哈拉

主殿有一个小石亭；庭院中央还有一棵大桃树，当地人称之为"宝石之树"，卡梁清真寺可以容纳一万多人祈祷。

卡梁清真寺在建成一百年之后，于1220年被成吉思汗的一把大火烧毁，我们今天看到的卡梁清真寺是1514年重建的。重建以后，卡梁清真寺一直承担着布哈拉城居民的星期五礼拜。四百年以后，1920年，一匹战马疾驰而至，在人群面前高高撅起前蹄，一个脑袋上缠着绷带的士兵在马上高声呼道："被压迫的人们，冲啊！让那些高高在上的老爷躺在咱们的脚下呻吟吧！"手持武器，衣衫褴褛的百姓和帽子上戴着红五星的士兵如潮水般拥向卡梁清真寺，在清真寺顶上张开了一面巨大的红旗。苏联时期，卡梁清真寺作为堆放东西的仓库使用。

狮子汗穆罕默德在位时期，于1127年在卡梁清真寺旁边建造了卡梁宣礼塔。宣礼塔是伊斯兰教召唤穆斯林礼拜的地方，穆罕默德创教初期，穆斯林礼拜不需召唤，因此没有宣礼之类的建筑。随着穆斯林人数的增多，穆罕默德决定用钟声召唤人们做礼拜，于是建造了宣礼塔楼，一到礼拜时辰，毛拉就在宣礼楼上高声召唤穆斯林到清真寺做礼拜。毛拉第一次召唤的词（宣礼词）是："真主至大，真主至大！我做证：万物非主，唯有真主；我做证：穆罕默德是真主的使者！快来礼拜吧！快来走获救之路吧！真主至大，真主至大！万物非主，唯有真主！"

为了使声音传得远，宣礼楼越建越高，于是成了塔。卡梁宣礼塔高45.6米（又有46.3米之说），呈锥状，地基深达16米，锥底基部圆周直径9米，上部圆周直径6米，内部有105级砖制螺旋式阶梯通向顶部。宣礼塔的外形古朴雄浑，塔身用烧砖和无釉赤陶砌成14个不同的呈几何图案的装饰带，装饰带的图案各不相同。在塔半腰刻有阿尔斯兰汗·穆罕默德和工匠巴科的名字。锥状顶部建成圆筒形悬楼。悬楼有16个拱形透光窗，有以钟乳石状的檐装饰。顶部有狭长的拱形回廊，回廊由16个透光与主体建筑物相连的拱门组成，回廊的外部被建成两个相连的半圆柱形，托着两个拱门。

巍然挺立的卡梁宣礼塔从布哈拉城的任何地方都能看见它。宣礼塔除了召集穆斯林祈祷外，曾经还是疲惫的沙漠旅行者的灯塔和监视各地的瞭望台。18世纪至19世纪，布哈拉汗国还把它作为处死重刑犯的地方，将犯人从塔上推下去，因此，宣礼塔又被称为"死亡之塔"。

关于卡梁宣礼塔的建造有一个传说故事。据说，喀喇汗王在一次争论中杀了一位大臣，晚上大臣托梦说："把我的头埋在谁都踩不着的地方！"于是，国王下令在大臣坟墓上盖了这座高塔。1220年成吉思汗攻入布哈拉城时，没有毁坏卡梁宣礼塔，对此也有一些大同小异的传说。有传说，成吉思汗来到塔下，在仰望塔顶时他的帽子掉落在地上，他不禁感慨说："连我也要对它鞠躬。"于是放过了它;又有传说,成吉思汗来到塔下,一阵风把他的帽子吹落了,成吉思汗不由自主地弯下腰捡起帽子说:"这座塔让我弯腰低头,不能破坏!"无论如何,卡梁宣礼塔躲过一劫。不过,在1920年的苏联红军炮击下,宣礼塔塔身受损,如今明显可见到一些修补的痕迹。

如今保留下来的喀喇汗王朝时期的建筑还有地处今布哈拉城安巴尔(Anbar)大街南侧的马高基·阿塔里清真寺(Magoki-Attori Mosque)和静卧在布哈拉城一个公园东北角的圣泉阿尤布陵(Chashma Ayub)。

有资料说马高基·阿塔里清真寺始建于9世纪,而大多数资料反映,它建于12世纪至16世纪,从它的建筑规模和建筑风格来看,它与萨曼王陵很相似,建筑时间可能在萨曼王朝前后,12世纪的可能性较大。马高基·阿塔里清真寺被认为是布哈拉城现存最古老的清真寺,现已列入《世界遗产名录》。据说在阿拉伯人征服布哈拉城之前,清真寺所在地是一个集市,集市上有一个建于5世纪的袄教寺庙,阿拉伯人将此寺庙改建成如今的模样。据说,布哈拉城的犹太人将这座清真寺作为晚上集会的犹太教堂。20世纪30年代,考古学家在此还发现了一座早期佛教寺庙的遗迹。以上传说表明,此处一直是布哈拉城早期的宗教中心。

马高基·阿塔里一名来自塔吉克语或波斯语,意为"洞穴之中的清真寺",原因是它曾经埋在一个沙堆下,1936年俄罗斯考古学家发现了它,由此得名;可能这也是未被蒙古人破坏得以保存下来的原因。如今清真寺内设有一个地毯博物馆,清真寺外是一片遗址区,保留着考古发掘后的样子。

据一些资料记,圣泉阿尤布陵建于12世纪至16世纪,在阿尤布陵大门入口处的牌子上写着,此陵建造于帖木儿时期,即在14世纪。圣泉阿尤布陵具有典型的花剌子模建筑风格。从圆锥形圆屋顶来看,它不是布哈拉城的传统建筑形式,这种建筑形式广泛出现在13世纪至14世纪的花剌子模绿洲,因此,有人认为它最早由花剌子模人所建。它是一个复杂、多元的纪念性建筑,在布哈拉城建筑介绍中说,它经历了14世纪至19世纪五百年的不断再建过程,最终形成了一个其上有各种图案,各种不同圆屋顶覆盖的棱柱体。它的令人难忘的轮廓通过升高的双屋顶和带有喷泉的、上面罩有圆锥形帽的圆柱体表现出来;整个陵墓让人产生了无限沉思:穆斯林没有死,他们正是从一个门穿向另一个门。

阿尤布圣泉之名起源于预言者阿尤布。旧约圣经说,人们苦于水荒之际,阿尤布敲打其拐杖就会涌出泉水。阿尤布泉水自12世纪就有了,传说此泉水能治眼疾,不少人慕名而来。如今陵墓内正中放有一个安着几个龙头的水箱,还有一些碗杯——传说,喝了这里的圣水对身体有益。水箱后面是一个

圣泉阿尤布陵

黑洞洞的龛室，用布覆盖着一座石棺。如今泉水依旧，却人烟稀少。

圣泉阿尤布陵比萨曼王陵稍大一些，里面是个小博物馆。如今它被选用在乌兹别克斯坦共和国的货币图案中。

突厥元素的伊斯兰化
——伊朗—突厥—伊斯兰

萨曼王朝在突厥游牧民的攻击下灭亡了，但在河中地区建立统治的突厥人不仅继承了萨曼王朝的文化遗产，而且还给伊朗—伊斯兰文化注入了自己的突厥元素。在喀喇汗王朝统治时期，布哈拉城形成了伊朗—突厥—伊斯兰综合文化，这一成果是萨曼家族给予布哈拉城最持久的贡献。

首先是突厥人将艺术领域的伊斯兰化倾向推向高潮。随着建筑业的发展，实用艺术也发展起来。建筑砖瓦、砌面陶板、雪花石膏雕刻等装饰都采用了具有伊斯兰特色的图案，即几何图、植物纹、鸟纹、花式题词。从11世纪起，布哈拉城出现了典型的伊斯兰建筑形式，即复杂的多立柱式组合建筑，这类建筑的主体部分是：底部为方体，顶部为圆穹、圆拱，建筑物有尖拱或圆拱形式的正门，由于宣礼的需要，在主体建筑或大门的两侧建有宣礼塔，建筑物的外墙砖上刻有植物图案和花字题词。此外，陵墓建筑也表现出伊斯兰风格，主墓室一般有穹顶，穹顶正中有小塔楼，此外还有圆拱的礼拜殿。

其次，布哈拉城的伊斯兰化倾向还从以社会意识形态为主要内容的观念体系中反映出来。在思想上，突厥王朝利用伊斯兰教加强思想统治，注重以伊斯兰教教义统一人们的思想。公正、平等是伊斯兰教处理人与人之间关系的基本行为准则，《古兰经》重视人与人之间的社会关系，提倡精诚团结，以缓和社会冲突，真主是团结一致的凝聚力量："你们当全体坚持真主的绳索，不要自己分裂。"（3:103）（马坚译：《古兰经》，中国社会科学出版社1981年版，第46页）喀喇汗王朝统治者利用"团结、友爱，穆斯林皆兄弟"的思想，以平息现实生活中人的不平等现象。一方面，他们宣扬作为真主的奴仆，人人都是平等的，君主与臣子之间、伯克与百姓之间应该建立友好、亲善、和谐的关系。伊斯兰教在集体礼拜时，穆斯林不论老少、贫富、种族和肤色，按到来的先后顺序排队，一齐礼拜，念祷真主，这种祈祷显示了和谐友爱的兄弟般的情谊。在社会政治生活中，这种兄弟般平等、团结、友爱的精神使广大穆斯林像维护自己的生命一样维护社会的稳定团结。另一方面，根据《古兰经》"行善和作恶的人都各有若干等级"，不同的等级和贵贱是命中注定的，统治者的权力是真主造人时赋予的："他以你们为大地的代治者，并使你们中的一部分人超越

第四章 继往开来

另一部分人若干级。"(6:165)这些思想支持喀喇汗王朝在经济上实行的等级分封制。

喀喇汗王朝吸收和兼容了布哈拉城的传统文化,在此形成了有别于阿拉伯文化的突厥—伊斯兰文化。艾哈迈德·爱敏在《阿拉伯—伊斯兰文化史》中说:"这些人奉伊斯兰教之后,纵然成为虔诚的笃信者,也不可能如阿拉伯人那样去理解伊斯兰教的内容。每一个民族之了解伊斯兰教,必定掺杂着本民族许多古代宗教的传统;每一个民族了解伊斯兰教的术语,必定模拟它,使它近似自己的宗教术语。"(〔埃及〕艾哈迈德·爱敏:《阿拉伯—伊斯兰文化史》,纳忠译,商务印书馆1982年版,第102页)突厥王朝统治时期的伊斯兰化过程,实际上是伊斯兰文化与突厥文化相互渗透、整合的过程,经过对多元文化扬弃、纳新、吸收、发展,在布哈拉城,最终形成的是一种以突厥传统文化为特质、以伊斯兰教为表象的新文化体系。

与阿拉伯人的伊斯兰文化不同,新形成的突厥-伊斯兰文化有自己的特点。在政治体制上,突厥王朝不同于一般伊斯兰国家的政教合一制。阿拉伯人的政教合一的内涵之一是国家领袖和宗教领袖的身份合一、政权与教权合一;而在突厥王朝中,"汗位"的继承不是依统治者在宗教界的地位,是依汗室成员身份得以继承,尽管他们都强调汗王所具备的一切是真主赐予的。突厥族世袭王权观念的体现表现了伊斯兰文化与突厥文化的相互融合。

其次，阿拉伯人的政教合一的内涵还包括国家法律制度和宗教法律制度合一、政府机构和宗教机构合一、政府行为和宗教行为合一，而突厥王朝的司法权并不完全掌握在宗教界首领手中，尽管法官也称哈齐，但是，掌握司法权的大多数是部落首领，实施的法律也是按照符合当时部落生活习俗的习惯法。

在经济制度方面，喀喇汗王朝将伊克塔土地制度与以往的阿尔泰突厥政权的分封制度结合起来，王室成员把国家看成他们整个氏族的财产，各个成员都有分得一份的权利。喀喇汗王朝对它统治下的土地实行"份地"，这种"份地"名为"伊克塔"，是赏赐给王室成员和军事首领的。

在信仰方面，伊斯兰教奉行严格的一神教义，反对除安拉之外的任何崇拜；而突厥王朝的突厥各族的信仰具有两重性，一方面，他们接受伊斯兰教的宗教观，承认神创说，另一方面，他们明显持万物有灵论，自然崇拜和图腾崇拜（动物崇拜）的观念长期保留下来，如祈雨、占卜、算卦、看相、念咒、跳神等习俗都是这一观念的反映。突厥人把这些信仰与对真主的信仰糅合在一起，萨满巫师在跳神之时，赞念真主和呼唤穆斯林圣贤。此外，突厥人还保持了祖先崇拜的习俗。伊斯兰教在应对以上问题时具有包容性和灵活性，"万物有灵"和祖先崇拜的信仰与伊斯兰教习俗糅合在一起，陵墓（麻扎）崇拜便是这种糅合的体现。在麻扎朝拜的仪式中，朝拜者把三角旗绑在树枝上，插在麻扎周围，或在周围的小树、灌木上拴上各种颜色的布条，在高竿上挂牛尾、马尾及其他饰物，这些都是萨满教的做法。

伊斯兰教具有包容性，伊斯兰文化在宣扬、评判道德伦理以及明辨是非等方面利用了原来的突厥文化。如《福乐智慧》一书在强调伊斯兰思想观念"幸运无常"时，引用了突厥人的名言：幸运之主啊，莫为幸运而得意，有声望者啊，切莫对幸运轻信。世间三物：流水、舌头和幸运，总是反复无常，流转不停。关于人性：有一句突厥格言讲得真好，愿你记取它为座右铭——与娘奶一起注入的善性，直到死之前，不会变更。先天而生的天赋秉性，只有死亡能把它撼动。引用的突厥格言贯穿《福乐智慧》全书，反映了伊斯兰教在传播过程中对传统文化的尊重和继承。

清真寺的修建和经学院的创办对宣传伊斯兰教教义也起着重要作用。从 12 世纪起，伊斯兰教的传教士们开始用突厥文书写简单易懂的宗教诗歌和短文传教，以强化他们的宗教感情。这些措施有力地推进了突厥人伊斯兰化的进程。

阿拉伯人入侵中亚的时间只有几十年，然而，伊斯兰化的过程却是漫长的。从 10 世纪中叶开始的伊斯兰化过程到 13 世纪初基本完成。尽管如此，这一过程仍然在继续着，即使是在接受伊斯兰教较早的河中地区，多元宗教信仰的局面还一直维持到15世纪初。1403年出使撒麻耳干城的西班牙使节克拉维约写道："撒马尔罕（即撒麻耳干）居民中，亦不乏突厥人、阿拉伯人及波斯人等。这些人仍然各尊其教派。至于伊斯兰教以外之亚美尼亚人、希腊教徒、基督教之雅各布派、聂斯托里派，皆有。尚有信奉拜火教，而自称基督徒之印度人，亦所在多有。"（〔西班牙〕克拉维约：《克拉维约东使记》，第157页）

宗教的一致性有利于促进各族之间的通婚，有利于多种文化的趋同。中亚地区的伊斯兰化，使中亚居民形成了共同的价值取向、共同的道德规范、共同的行为准则，加速了共同的民族心理的形成；伊斯兰化使中亚居民在政治、经济、语言、文化和宗教诸方面逐渐统一，互相认同，凝聚了中亚居民的民族意识，中亚古代民族发展为现代民族奠定了基础。

国中之国的布尔罕朝
—— 独立政权及花剌子模国的统治

萨曼王朝灭亡以后,布哈拉城丧失了都城的地位,对此,布哈拉宗教界可能心有不甘,教士们于12世纪中叶在布哈拉城建立了一个独立于撒马尔罕城的政权。

为了表示对伊斯兰教的虔诚,狮子汗穆罕默德不仅大兴土木,建造了清真寺和宣礼塔,而且还发动了对付异教徒的"圣战"。这些战争激怒了宗教界人士,他们谋杀了狮子汗的长子。穆罕默德汗一方面让次子阿赫马德出面解决,一方面派人向塞尔柱素丹桑扎尔求救。阿赫马德果断地处死了叛乱的宗教首领,平息了内乱。穆罕默德汗匆忙致函桑扎尔说,河中局势已经平息,不再烦劳他的军队了。然而,接到信的桑扎尔却继续前进,于1130年初攻下撒马尔罕城,废了狮子王穆罕默德,把他的三儿子马赫默德扶上汗位(1132—1141年在位)。临走,桑扎尔带着穆罕默德回到呼罗珊,狮子王穆罕默德于1132

年在此去世。

马赫默德汗在撒马尔罕稳定地统治了9年。1141年，他与境内的葛逻禄人发生冲突，不得不求助于宗主国素丹桑扎尔；而葛逻禄人也在向锡尔河以北的新政权西辽求援。桑扎尔率兵10万渡过了阿姆河；西辽皇帝耶律大石也率军渡过了锡尔河，撒马尔罕城以北的卡特万草原成为双方激烈战斗的地方。1141年9月9日，双方军队进行了历史上著名的卡特万战役，据说，这是中亚爆发的最大一次战役。结果，西辽以少胜多，成了河中地区的宗主，西喀喇汗转而投靠西辽国，承认了西辽的宗主国地位。

西喀喇汗在河中地区的统治可谓是"苟延残喘"。卡特万战争后，西喀喇汗能够控制的地盘逐渐缩小，费尔干纳盆地独立出去，当地统治者以自己的名义发行钱币，钱币上根本不提喀喇汗的名字；布哈拉城也建立了名为布尔罕王朝的独立政权，名义上奉西喀喇汗为宗主，实际上是西喀喇汗王朝的国中之国。

布尔罕王朝是宗教世家在布哈拉城建立的伊斯兰教政权，建立者阿布杜·阿兹斯被称为萨德尔·贾罕，萨德尔意为大封建主，萨德尔·贾罕意为"世界的支柱"。萨德尔在布哈拉城拥有雄厚的经济实力，他们广置地产，参与贸易，从手工业和商业中获得巨额收入。据说，有一个名叫穆罕默德·本·阿

第四章 继往开来

赫马德的萨德尔在去麦加朝圣，途中所用物品由上百头骆驼运送。卡特万战争以后，西辽在布哈拉城驻有行政官，但布哈拉城的税收由萨德尔征收，他们是西辽国在布哈拉城的代理人。除了经济基础外，萨德尔在布哈拉宗教界的势力也很强大，据说，他们在布哈拉城私养的伊斯兰教神学家就有 6000 人。

阿布杜·阿兹斯在布哈拉城建立的布尔罕王朝不得人心，特别是统治上层聚敛财富引起了布哈拉城民不满和愤怒，他们把阿布杜·阿兹斯称为萨德尔·贾罕纳姆，意为"地狱的支柱"。1206 年，反布尔罕王朝的起义在布哈拉城爆发。领导这次起义的是制盾工匠麦里克·桑贾尔，因此此次起义又被称为"桑贾尔起义"。起义的主要力量是手工业者，他们得到了农民的响应。起义者在布哈拉城内"轻蔑无礼地对待那些应尊崇和敬重者"，没收了萨德尔的庄园和财产，把他们赶出

马高基·阿塔里清真寺

107

城外，布尔罕王朝在人民起义的风暴中灭亡。

在起义期间，萨德尔曾向宗主国西辽求援，西辽因国内的统治不稳而无暇顾及，没有出兵。在西辽援兵不到的情况下，逃出城外的萨德尔向布哈拉城北面的花剌子模国求援。花剌子模国王摩诃末率军攻入布哈拉城。进城之初，花剌子模军队以温和的态度对待起义者；站稳脚跟之后，他们开始残酷屠杀起义者，将起义首领桑贾尔投入河中淹死。1207年，桑贾尔起义被花剌子模军队镇压下去。

摩诃末把布哈拉城并入了花剌子模国。花剌子模国是突厥人在花剌子模绿洲上建立的国家，创建之时国家很小，只占有阿姆河下游三角洲地区，先后臣属于阿富汗的伽色尼王朝、波斯地区的塞尔柱帝国和锡尔河以北的西辽国。摩诃末在布哈拉城建立统治后，坐镇撒马尔罕城的西喀喇汗乌思蛮企图摆脱西辽国的束缚，开始频繁与摩诃末接触。最终，乌思蛮与摩诃末缔结了联盟。然而，摩诃末的野心是吞并西喀喇汗王朝，这一愿望于1212年实现了，撒马尔罕城成了花剌子模帝国的新都城。回历610年（1213/1214）后，西喀喇汗国各城市定期以摩诃末的名字铸币。然而，花剌子模帝国是短命的，六七年后，还没来得及巩固的花剌子模帝国就被向西扩张的蒙古人灭亡了。布哈拉城经历了蒙古人的征服和统治。

第五章

历经曲折

命运之轮不停地转,转来了灾难。1220年2月,成吉思汗率领的蒙古大军悄然而至,宁静的布哈拉城硝烟四起,这一仗奠定了成吉思汗子孙在布哈拉城几百年的统治。

1220年的一把火

成吉思汗家族在布哈拉城的活动，波斯文献《世界征服者史》和《史集》、阿拉伯文献《全史》都有详细而生动的记载。在阐述他们的活动之前，有必要对以上著作进行介绍。《世界征服者史》的作者志费尼出身名门贵族，先世在花剌子模帝国为官，蒙古征服中亚时，其父归降蒙古人，并获得呼罗珊财政官一职，志费尼的仕途也与蒙古人的前途联系在一起，他长期担任了蒙古帝国阿姆河行省长官阿儿浑的书记员，数次跟随阿儿浑赴蒙古哈拉和林朝见蒙古大汗，这些宝贵的经历发生在一个学识渊博的学者身上是一大幸事。此书是作者根据亲眼看见或亲耳听到的事情撰写的，它为我们保留了研究13世纪亚洲历史的重要线索；《史集》的作者拉施特是蒙古帝国伊利汗国的宰相，受宫廷委托，他为伊利汗完者都（1304—1316年在位）编写了此书。《史集》是一部通史性著作，其中记录了蒙古人征服布哈拉城的一些事迹。《全史》的作者是摩苏尔人伊

第五章 历经曲折

本·阿西尔（1160—1233），作者一生饱受十字军东侵与蒙古人西侵之苦，养成了生性孤寂的性格，《全史》采用编年史体，起于传说时代，止于1230年，该书被奉为中世纪伊斯兰教史权威著作，书中记载了成吉思汗对布哈拉城的践踏，以及布哈拉城居民所经历的浩劫。下面就让这些作者带领我们去追寻成吉思汗家族在布哈拉的足迹。

必须承认，13世纪初发生在布哈拉城的这场灾难是河中地区官员自己闯下的大祸。1218年，创建大蒙古国不久的成吉思汗派出了由450人和500峰驼货物组成的商队前往河中地区，意欲与花剌子模国进行贸易。庞大的商队来到了花剌子模国边界城市讹答剌，城主哈只儿汗把商队扣留下，并派人禀报花剌子模国王摩诃末，说商队中有大蒙古国的密探。在没有弄清事情真相的情况下，摩诃末下令没收货物，杀死商队成员。一位得以生还者向成吉思汗报告了商队遇害的情况。据瑞典史家多桑说，"成吉思汗闻报，惊怒而泣，登一山巅，免冠，解带置颈后，跪地求天，助其复仇，断食祈祷三日夜始下山"。尽管如此，成吉思汗并未出征，他仍抱着和平解决问题的态度，又派使者去花剌子模传话说："君前与我约，保不虐待此国任何商人。今遽违约，枉为一国之主。若讹答剌虐杀商人之事，果非君命，则请以守将交付于我，听我惩罚；否则请即备战。"这番措辞虽不激烈却语气坚定的话没有让摩诃末端正态度和纠正过失，他根本没有意识到问题的严重性，相反，更加胆大妄为，杀了使者不说，还侮辱性地剃了副使二人的胡须，然后遣返。战争不可避免了。

做了一番部署之后，1219年6月，成吉思汗亲自率领的主力军从蒙古高原的克鲁伦河畔出发，经阿尔泰山南下，渡过了锡尔河。此后，蒙古军并未直接进攻花剌子模都城撒马尔罕，而是绕道远攻在撒马尔罕城以西250公里的布哈拉。对此战略部署，后来的史家们从军事和政治上进行了分析，有人认为成吉思汗非常明白征服布哈拉城的重要宣示意义，果真如此的话，这种部署可以说明布哈拉城在河中地区的重要地位。

在进军布哈拉城的途中，蒙古军到了一个名叫匝儿讷黑的小城，成吉思汗派使者前去劝降。使者来到城里，对企图谋杀他的城民喊话说："我是怎样一个人，一个穆斯林，而且是一个穆斯林的儿子。为讨真主的喜欢，我奉成吉思汗令出必行的诏命，出使见你们，把你们从毁灭的深渊和血河中拯救出来。……若你们有丝毫反抗，一个时刻内，你们的城池将被夷为平地，原野将成血海。可是，若你们用明智、持重之耳，听从忠言和劝告，而且恭顺地服从他的指令，那么，你们的生命财产将固若金汤。"这番喊话是令人感动的，尽管大军压境，而他的出使只是为了讨真主的喜欢；这番喊话是成功的，城民的代表来到了成吉思汗营帐。成吉思汗善待他们，将他们的城市改名为"幸福之城",将城民中的壮丁编入军队,一起去打布哈拉。

在行进中,成吉思汗采纳了当地突厥人的建议,走了一条穿越沙漠、人迹罕至的道路,以后这条路被称为"汗之路"。途中又来到一个名叫"讷儿"的小城,城头的守望者以为蒙古人是商旅,没有在意,而当蒙古人来到讷儿城下之时,"讷儿人的白昼变成了黑夜,他们的眼睛模糊不清了,城门紧闭"。蒙古军派人去劝居民投降,停止抵抗,使者往返几次,城门最终打开,城民归顺了。

兵家认为:兵不血刃、攻心为上。以上两个小城的归顺是攻心的结果,使者的作用功不可没。西方国家重视外出使者的挑选是14世纪以后的事,据说,威尼斯出使外国的使节往往由演说家担任,他们必须气宇轩昂,能够在出使国发表流畅的演说,如当时的伟大诗人彼特拉克就经常以特使身份出使外国,尽管他的大多数出使任务并不成功。同样,近代中国派往法国进行巴黎和会谈判的特使顾维钧也具有演说家风度,网上对他在巴黎的表现是一片赞扬之声:"雄辩巴黎、妙语应答、怒斥列强、声名远扬、震惊世界。"追捧者说,之所以有如此"成就"是因为他有长达数十年的外交生涯,其实,他当时只有33岁。如今中国已经成为世界第二大经济体,再不害怕列强们联合起来对付中国了,是不是应该冷静下来对顾维钧的外交表现

知识的源泉——布哈拉

做一点反思呢？比如，巧取日本全权代表牧野的金怀表，并以此大肆发挥，指责牧野偷走了中国山东省，这一做法就很值得商榷。在他的雄辩和妙语面前，日本代表显得木讷，然而，他最终达到了目的；而风光无限的顾维钧倒是一举成名了，但中国的外交目的没有达到。顾维钧年轻时在美留学，以后又在美工作，不难想象，当时软弱的中国一定让身处美国的青年顾维钧受了不少屈辱，这一记忆可能长期压抑着他，使他决定在巴黎和会上向全世界一展与懦弱相反的个性。展示中国人的志气当然没有错，一个弱国国民更应该自强不息，但外使的任务好像不在展示不惧淫威，不在表现大义凛然，而应该集中精力和运用智慧与各方周旋以达到使本国利益最大化的目的。战国时期，外交家张仪出使各诸侯国，他最爱说的一句话是："张仪，势利之徒也。"经他多方周旋，促成了各诸侯国由合纵抗秦转变为连横亲秦的结果，以至于秦惠王一听到"势利之徒"就眼前一亮，以为人才来了。可以说，布哈拉途中两个小城的归顺是使者运用穆斯林宗教认同的结果，也有成吉思汗有知人善用的大智慧。

成吉思汗于 1220 年 2 月兵临布哈拉城下。蒙古大军的悄然而至给布哈拉城民带来了巨大的恐慌。志费尼描述说，布哈拉城民被骑兵和骑兵带来的暗如黑夜的灰尘窒息了，惊吓和恐慌压倒了他们，担忧和恐惧盛行。成吉思汗发布告示说，无论

第五章 历经曲折

谁屈从于蒙古人都可获得安全和自由,并远离严酷的恐怖与耻辱;而对那些拒绝接受投降的俘虏,蒙古人会将他们置于军前,在下一次进攻中充当战争的炮灰。这一告示动摇了保卫城市的意志,除五百名士兵留下来支持布哈拉城堡的长官外,其余官兵或降或逃,其中,阔克汗将军率领的两万守军弃城而逃,他们与大多数城民在阿姆河畔被追赶的蒙古军队杀掉。

第二天早上,布哈拉城教长、士绅出城请降,成吉思汗骑马进入布哈拉内城。蒙古铁骑的足迹遍布欧亚内陆,成吉思汗征服的城市数以百计,然而,据说成吉思汗屈尊进入的城市只有布哈拉。当然,没有留下记录并不等于事情没有发生,不过事实是,有关成吉思汗攻打布哈拉城,以及成吉思汗在布哈拉城的活动,史书的记载是最详细的,这也从一个侧面反映了当时布哈拉城在欧亚内陆的地位。

进入布哈拉城后,成吉思汗来到布哈拉大清真寺,他骑在马上边驱马直入边问道:"这里是素丹的宫院吗?"回话说:"这是真主的庙宇!"来到祭坛前,成吉思汗才下马登上祭坛,对周围人说:"原野上没有草了,将我们的马喂饱吧!"于是,用来装《古兰经》的箱子用作马槽,散落一地的《古兰经》任马践踏,教长、贵族、法师和学者像奴隶一样为蒙古军队照看马匹。

接着,全城居民被召集到一个公共祈祷的广场上,其中有

280名富豪。据目击者称，成吉思汗在人群面前拾级而上，来到讲坛后转身亮相，开始了他的演讲。在讲到花剌子模国王摩诃末的背信弃义之时，他说："人们啊，须知你们犯了大罪，而且你们当中的大人物犯下这些罪行。如果你们问我，我说这话有何证明，那我说，因我是上帝之鞭的缘故。你们如不曾犯下大罪，上帝就不会把我作为惩罚施降给你们。"这就是历史上有名的"上帝之鞭"的讲话，这次演讲在虔诚的教徒中引起了恐慌，范围波及欧洲。讲话结束以后，富人们交出了藏匿的财宝。

成吉思汗在布哈拉城召见了精通伊斯兰教的人士，询问了伊斯兰教义和戒规。除了到麦加朝圣一事外，成吉思汗对伊斯兰教的所有教义都表示赞同，他认为上帝是无所不在的，在任何地方都可祈祷，没有必要拘泥于一地。以后，蒙古人在中亚的宗教政策是：一视同仁，皆为我用，不尊此抑彼。

接着，成吉思汗开始攻打布哈拉城堡，对付那些负隅顽抗的突厥勇士。在进攻城堡的战斗中，蒙古人展示了他们的围攻武器——弩炮和投石机。弩炮装在轮子上，可以随意转动；投石机不仅能投掷出石头，还能射出燃烧的液体，据志费尼的观察："就像炽热的火炉吸收了坚硬的木头，火势更盛，从炉腰将火花射向空中。"蒙古大队人马带着可伸缩的云梯攻上塔楼，居高临下地对城堡守军发起射击；而坑道兵也没有闲着，

第五章 历经曲折

他们在城墙下挖地道。在攻城者中,有被俘的布哈拉人,这些人冲锋在前,尸体在城壕中堆积。据说攻克城堡的战斗进行了12天,城堡攻克以后,蒙古军杀了三万多人。

可能是为了提振军威,在攻城堡之前,成吉思汗在布哈拉内城放了一把火。中国人造的"灾"字形象地表现出火对人类的危害,作为人类文明标志之一的火一直是布哈拉城的危险。在泽拉夫尚河大桥没有建筑以前,布哈拉城是沿泽拉夫尚河南岸一层一层地往外扩展的,居民区建筑密集,鳞次栉比的房屋大多数为木制。926年,布哈拉城加登·卡桑居民区曾发生火灾,大火把该区全部烧毁;937年5月,布哈拉城东"撒马尔罕城门"边的一家粥店失火,大火烧了两天两夜,烧毁了居民区和集市,火势从东向西蔓延到城西的巴卡尔居住区,烧了该区的宗教学校、货币兑换点、布匹市场,大火还借助风势烧到了河对岸的马赫清真寺,据说,此次大火的损失达10多万迪尔汗。

1220年的这把火在几天之内把布哈拉市区的大部分焚荡一空,仅余下用烧砖修建的礼拜五清真寺和几座宫殿,整个城市几乎被夷为平地,城墙也被摧毁。据志费尼记,素丹的勇士很快便"淹没在完全毁灭的汪洋大海中";《全史》的作者伊本·阿西尔描绘说:"是日也,极不幸。仅闻男女老少悲啼永诀之声,蛮人在此种不幸人之前辱其妇女,男子力不能抗,唯有相对饮泣。中有数人，宁死不愿睹此惨象。"成吉思汗对布哈拉城的战争被视为一次巨大的成功。此后，成吉思汗留塔兀沙为布哈拉城的镇守官（八思哈），布哈拉城的壮丁编入蒙古军，随蒙古人去打撒马尔罕城。

野火烧不尽小草，布哈拉城不久就从成吉思汗的大火中喘过气来。1220年，布哈拉镇守官塔兀沙开始了恢复城内秩序和重建工作，城市面貌有了改观，对此，跟随成吉思汗西征的契丹人耶律楚材留下了一些记载。

耶律楚材（1190—1244）生于燕京（今北京），博览群书，通天文、地理、律历、术数及释老、医术之说。1218年春，他应召来到成吉思汗在蒙古高原的行宫，得到赏识，留在成吉思汗身边，预卜吉凶。1219年，他随成吉思汗西征，以后留居撒马尔罕城数年。在此期间，他受好友蒲察元帅的邀请，多次来到布哈拉城。成吉思汗火烧布哈拉城的当年，耶律楚材就两次访问布哈拉城，并写下《赠蒲察元帅七首》和《赠蒲察元帅五首》的诗文。通过这些诗文，我们可以知道当时布哈拉城的一些情况。

《赠蒲察元帅五首》中有诗文："闲骑白马思无穷，来访西城绿发翁。元老规模妙天下，锦城风景压河中。"从"元老规模妙天下，锦城风景压河中"的赞美中，可知布哈拉城的风景比河中地区任何城市都好；在《赠蒲察元帅七首》中，其中一首写道:"闲乘羸马过蒲华,又到西阳太守家。玛瑙瓶中簪乱锦,琉璃钟里泛流霞。品尝春色批金橘,受用秋香割木瓜。此日幽欢非易得,何妨终老住流沙。"蒲华是布哈拉的另一汉译名,"西阳太守"指驻布哈拉城的蒲察元帅;从此诗中可以看出布哈拉城的物产,特别是水果相当美味,仅此,在此流沙的绿洲里终老一生也是值得的。《赠蒲察元帅七首》中还有一首反映布哈拉城饮食习惯的诗"细切黄橙调蜜煎,重罗白饼掺糖霜",这些诗句从一个视角反映了布哈拉城在经历1220年大火后迅速恢复的部分情况。

布哈拉城的彻底恢复是在成吉思汗的儿子和孙子统治时期。成吉思汗死后,他的三儿子窝阔台继位。窝阔台在位期间(1227—1241年在位),蒙古西部地区被分为河中和波斯两大行省,河中行省的长官是花剌子模商人牙剌瓦赤(?—1254),他的管辖范围是东起今新疆中部,西到阿姆河北岸之间的所有城市,布哈拉城也在其中。他的管治使布哈拉城从蒙古征服的战火中彻底恢复过来。

在撒马尔罕城被蒙古人攻克以后,牙剌瓦赤及其子马思忽惕向成吉思汗进言治理城市的方法,成吉思汗任命他们协助留守当地的蒙古官员达鲁花赤(代表成吉思汗管理军政、民政和司法的官员)治理河中地区。牙剌瓦赤在此实行休养生息的政策,废除了兵士和签军的强制征兵,废除了种种临时赋税的负担和摊派。志费尼说:"那些流散到穷乡僻壤的人,为他的公正、仁慈所吸引,返回故里,人们从世上各地到那里去;因他的诚挚,布哈拉城日趋繁荣,甚至达到它的顶峰,其领域成为名门望族的家园,贵人黎庶的聚集地。"很快,布哈拉城又成了伊斯兰世界的文化中心:"到现在,要说人口的拥塞、动产和不动产的众多,学者的云集,科学及其他研究者的兴盛,宗教捐赠的建立,伊斯兰国家中没有城市可与布哈拉相匹敌。"

1238年的大起义

蒙古人统治时期,中亚地区反蒙古政权的起义频繁,其中规模最大的是布哈拉城1238年起义。这次起义反映了蒙古统治初期,布哈拉下层民众与蒙古统治者之间的对立,对此,志费尼给我们留下了详细记载。

回历636年(1238—1239),巨蟹宫两颗凶星会合,占星家预计布哈拉将要爆发一次叛乱。当时,在离布哈拉城不到20公里的地方,有一个名叫塔剌卜的村子,村里住着一个名叫马合木的制筛匠,据说,他的愚昧无知是举世无双的。此人伪装虔诚,假充神圣,称自己具有魔力,说神鬼曾经与他进行过交谈;他的姐姐向他传授了巫术。人们(特别是妇女)在有病痛之时便上门求治,瘫痪和各色难症的人络绎不绝地前来;碰巧有那么一两个病人在他呼神唤鬼的仪式中有了起色,于是一传十十传百,迷信他的人越来越多。志费尼在布哈拉城就曾亲耳听到一些有身份的、信得过的人说的种种故事,如马合木如何当着他们的面,把用狗粪调制的眼药吹进瞎子的眼中,盲人的视力恢复了。

当时,也有一些人对布哈拉城的宗教首领抱有偏见。有一天,有人对马合木说,他的父亲曾预言塔剌卜村要出一个征服世界的强大国王;他又说,此事的征兆就应验在马合木身上。听了这番话,这个愚昧无知的家伙便得意忘形,加之,此话与占星家的预测不谋而合。于是,他的信徒日增,动荡和骚乱随处可见。

在布哈拉城的蒙古官员们一方面遣使去见牙剌瓦赤,向他报告情况;另一方面,想了一个杀马合木的计策。蒙古官员来到塔剌卜村,劝马合木前往布哈拉城,说他的光临将让这座城池蓬荜生辉。他们打算在马合木离开塔剌卜后,途中将他乱箭射死。不料,马合木在途中看到这伙人神色不善,于是,对其中的一位官员说:"打消你的恶念吧,不然的话,我要让你那观察世界的眼珠,不用人手就给挖出来。"蒙古官员们暗想:"我们的企图不会有人知道,也许他的话真会灵验。"出于恐惧,他们不敢加害于他。就这样,马合木随蒙古官员一起来到了布哈拉城。

布哈拉城民都想一睹这位通神之人,在马合木的居住区和附近市集云集的人越来越多,拥塞超过了极限,"连一只猫都没有通过的余地",没有他的赐福人们不肯离开;同样,马合

第五章 历经曲折

木也走不出去，于是，他爬上屋顶，向人群吐唾沫，沾着一点唾沫的人们都含笑满意而归。布哈拉城的达官贵人也争相对他表示尊敬和殷勤，同时又无时无刻不在寻找杀他的机会。

其间，马合木的同伙向他透露有人要加害于他的阴谋，马合木偷偷从一扇门溜出，骑上一匹系在那里的马，一阵疾驰，来到阿不哈夫思山。蒙古人骑兵四处搜寻，突然在山头发现他，人群随之也蜂拥而至，他们高喊："主子（火者）一拍翅膀，飞到了阿不哈夫思。"老老少少都丧失了辨识能力，倾城奔赴阿不哈夫思山，在马合木身边汇集。晚祷时分，他在山顶出现，对人们说："真主的子民哪，为何你们徘徊和等待？世间的异教徒必须予以清除，你们都尽自己的力量，用刀枪锄耙、棍棒竿旗武装起来，开始行动吧。"

听到这话，布哈拉人全倒向他这边，那天是礼拜五，他率领人群重新入城，派人把城里的封建主、贵人和名绅都召到面前。他凌辱那些衣冠名流，糟蹋他们的名誉，有些人被他杀掉，有些人得以逃脱。他讲了以下一些让凡夫俗子欢心的话："我的军队一部分是看得见的，由凡人组成；一部分是看不见的，由空中飞行的天兵和地下行走的神族组成。"人群开始四下张望，他接着说："看！在那儿他们身穿绿衣飞行，在那儿他们身穿白衣飞行。"大多数人都信以为真，如果有人说："我什么都没看见。"那么，就用棍子教他张大眼睛；他又接着说：

知识的源泉——布哈拉

"全能真主将把武器从天空送给我们。"恰好这时候有个从设拉子城赶来的商人,随身带来了刀剑。于是,大家对胜利再不抱丝毫怀疑了,人们把马合木尊为布哈拉城的素丹,以他的名字进行礼拜五祈祷。

祈祷完后,马合木派人到大富人家索取帐篷、毛毡和地毯。人们自动结成队伍,流氓和无赖进入富豪家,动手抢劫财物。抢来的财物,马合木分给左右,在他的军队和同党中分个精光。夜幕降临,素丹隐入貌若天仙、令人销魂的处子和少妇家中,跟她们愉快地调情。凌晨,他在一桶水中行净身礼,有诗曰:"她离开我时给我洗身,活像我们都干了坏事。"为祈求恩福,大家把这桶水分成若干份给病人。他的姐姐在目睹这些行为以后,退出了他的活动,她说:"他那因我才实现的事业已经变质了。"

正当马合木事业蒸蒸日上之时,那些逃亡市郊的封建主和贵族,与竭力征调人马、不断壮大的蒙古军一道向布哈拉城挺进;马合木率领着仅穿衬衣的市井闲汉们开始应战。双方排开阵势,马合木站在他们的队伍中,既无武器,又无铠甲,人们流传一个说法,谁要向马合木动手,谁就会变成瘫子。因此,反对者在动刀剑时有些迟疑不决,不过,还是有胆大的人射出了手中之箭,此箭不偏不倚正中马合木的要害。恰好这时刮起一阵狂风,沙石飞扬,场面混乱,谁也没有发现马合木已中箭身亡。蒙古军以为这是马合木显的神通，他们撤出战斗，回头逃跑；马合木的人在后面追赶，农村的百姓拥出村子，拿起锄头、斧子攻击那些逃跑的士兵，他们追上的人如果是税吏或地主，就抓住他，用斧头砸烂他的头颅，将近一万蒙古人被杀。马合木的信徒从追击中归来时，找不到马合木了，他们认为："主子已隐入虚空，在他重新现身之前，由他的两个兄弟穆罕默德、阿里代替他的事业。"

在替代马合木管理期间，两兄弟照马合木的样子行事，黎庶和贱民成为他们的信徒。然而，起义队伍纪律松弛，四处抢劫，一个礼拜后，一支蒙古大军抵达布哈拉城，起义队伍进入平原，摆出阵势，全无铠甲。蒙古人发放的一排箭把穆罕默德、阿里兄弟二人射死，倒下的起义者达两万人。

第二天，当黎明武士劈开黑夜头盖之时，布哈拉人不分男女，通通被赶到城外，蒙古人磨尖了复仇之齿，张大贪婪之口说："我们也要回敬一下，满足我们的胃口，拿这些家伙当柴火，点燃被熄灭的火焰。"

因真主的恩典，在牙剌瓦赤（史书曾记牙剌瓦赤于1234年调离布哈拉城，他的职务由其子马思忽惕接替）的仁慈抚治下，这次骚乱才告结束，布哈拉城的命运再次向吉祥转化。牙剌瓦赤严禁屠杀和掠夺，他说："因几个人的罪恶，你们怎能杀害成千上万的人呢？为几个愚民，你们怎能毁灭一座我们长期力图恢复繁荣的城市呢?"通过屡次恳求、力争和坚持,成吉思汗之子、蒙古汗国大汗窝阔台下达圣旨,赦免了那些不能宽恕的罪过,免去百姓的死罪。

在牙剌瓦赤被调离布哈拉城以后,其子马思忽惕接管布哈拉。在他统治期间,马思忽惕在河中地区实施对穷人有利的税制,即一个富人每年应征收十个迪纳尔,如此按比例降至一个穷人征收一个迪纳尔,不得另外征税和接受贿赂,全部收入用于支付强征的签军、驿站和使臣的生活开销。税法的推行在一定程度上限制了地方当局的横征暴敛行为。屠寄在《蒙兀儿史记》中评价说:"马思忽惕总西域财赋前后五十余年,所至府库裕而民不扰,以功受察阿歹(察合台)汗国侯封,西域谓侯为卑,故时人称马思忽惕卑。"

在成吉思汗孙子蒙哥(1251—1259年在位)任大汗期间,布哈拉城面貌继续向好的方面发展。1250年至1275年,马思忽惕在中亚实施货币改革,包括布哈拉在内的十多个中亚城市发行了在本地区及其周边流通的银币。此外,马思忽惕还在布哈拉内城广场上修建了一所规模空前、设备完善的高等经文学校,命名为"马思忽惕亚",学校聘请了当时著名的大学者任教,每年有一千多名学生在此学习和研究。历经四十年,到1259年蒙哥去世时,战争的创伤基本得到了治愈,其中某些方面达到原来昌盛的水平。

第五章 历经曲折

在说布哈拉城的反蒙起义时，应该指出，也有追随蒙古人的布哈拉人，其中最具代表的是元朝名臣赛典赤。对中国历史产生过重要影响的布哈拉人不少，有人说，在唐朝发起叛乱的安禄山是布哈拉人。据说，安禄山之父出自隋唐时期以撒马尔罕为统治中心建立的康国，其母亲是突厥人，其父死后，其母改嫁一个名叫安波注将军的哥哥安延偃，于是，将她的孩子改名安禄山。如此看来，安禄山并不是布哈拉人安延偃的亲生子，说他是布哈拉人也不准确。而元朝名臣赛典赤却与之不同，他是地道的布哈拉人，这一点从他的名字就可以证实。赛典赤全名是赛义德·沙姆斯·丁·奥马尔·阿布·布哈里；布哈拉人在接受伊斯兰教信仰以后，名字末都带有出生地名，布哈里即表示在布哈拉出生的人。

1211年，赛典赤在布哈拉城出生，这片土地滋养了他最初的政治抱负。在他的生平中，有记载说在成吉思汗攻下布哈拉城时，他充任成吉思汗的帐前侍卫。这一经历让人怀疑，1220年，他只有9岁。不过，在窝阔台汗和蒙哥汗时期，赛典赤的任职却记得清楚明白。赛典赤历任丰、净、云内三州的达鲁花赤，以及太原、平阳二路的达鲁花赤和燕京断事官等职。忽必烈即位以后，他出任燕京宣抚使、吏户礼三部尚书、大司农卿、中书省平章政事，后任陕西四川行省平章。在几十年的仕途中，他一帆风顺。一般来说，官运亨通有两种情况，一是趋炎附势、溜须拍马，另一种是踏实肯干。从赛典赤在云南的表现来看，他属于后者。

1273 年，元朝决定在云南建行省，以赛典赤为平章政事。受命之后，他访求熟悉云南地理的人，将山川、城郭、驿舍、军屯、险要绘成地图；到任之后，即向父老诸位请教利国便民的要务。当时云南有蒙古宗王、都元帅等朝廷官员和原大理段氏等地方势力，事权不统一。赛典赤先协调行省与王府的关系，安排王府官为行省官；设宣慰司兼行都元帅府事，听行省节制；将原来按蒙古制度划分的万户、千户改为路、府、州、县，并重新议定与各行省一致的名称。从此政令一律出于行省，加强了元朝对云南的中央集权统治。在经济文化方面，赛典赤兴屯田、修水利、置驿道、办教育，善政甚多，至今仍为云南人纪念。史称他"秉政六年"，"旧政一新"，对祖国的统一和云南的发展做出了不可磨灭的贡献。

1279 年，赛典赤卒于云南任上，死后被元朝追封为咸阳王，云南人为他修建了咸阳王庙。赛典赤共有五子，其中，纳速刺丁和忽辛等人先后任职云南。据说，赛典赤的六世孙马和（小名三宝）就是名声显赫的郑和（1371—1433）。1381 年冬，明朝军队进攻云南，年仅 10 岁的马和被明军掳掠到南京阉割成太监，入宫服侍燕王朱棣，赐姓郑，名郑和。1405 年至 1433 年，郑和率领的船队 7 次下西洋开启了伟大航程。600 年前的

第五章 历经曲折

这些航行为与世隔绝的东方大地打开了通往西方海洋的一扇大门；这一世界航海史上的壮举在 600 年后的今天还激励着中国人去发展海洋经济。郑和出生在云南昆阳（今晋宁昆阳街道）宝山乡知代村，他本人也是伊斯兰教信徒，尽管如此，把他与赛典赤联系起来还须要做进一步的研究。

1259 年的萁豆相煎

布哈拉城的苦难如"过了一村又一村"般地绵延不绝，逃过了大起义惩罚的布哈拉城不久又成了成吉思汗子孙们争夺权力的战场。1259 年 8 月 11 日，蒙哥在中国四川合州钓鱼山病逝，他的死引发了他的三弟忽必烈与四弟阿里不哥的战争，布哈拉城再次陷入战火之中。

蒙古帝国初期，蒙古中央靠着帝国大汗个人的能力，控制了各汗国的财政和军政，维系着蒙古帝国的统一。由于钦察草原、波斯和中亚等帝国西部地区与蒙古帝国中心蒙古高原在经济和文化上存在着差异，长时期的统一难以维持。窝阔台去世后，蒙古帝国西部地区已经表现出离心倾向；窝阔台之妻摄政时期，成吉思汗的宗王们各自为政，削弱了蒙古帝国中央权力；贵由即位以后，企图纠正这种倾向，但由于他在位时间短暂，加之缺乏号令宗王们的权威，特别是拔都不买他的账，分裂迹象公开化。在拔都的策划下，汗位从窝阔台家族转移到成吉思汗四子拖雷家族，拖雷的长子蒙哥成了蒙古帝国大汗；蒙哥在位期间，拔都统治的钦察草原实际上已经独立出去，蒙哥大汗的权威仅仅局限于帝国东部。

在争夺大汗位的斗争中，忽必烈和阿里不哥为了获得支持者，竞相以分封领地的形式拉拢蒙古宗王，阿里不哥把包括布哈拉城在内的河中地区封给了察合台汗国。按蒙古帝国的规定，河中诸城市及附近的农耕地区直属蒙古帝国中央，中央政府将这些地区的赋税在黄金家族成员中进行分配。阿里不哥的分封导致察合台家族获得了管辖城市及农耕地区的权力，于是，察合台宗王开始在这些城市派驻军队、收取贡税。1262年，察合台宗王在布哈拉城和撒马尔罕城大肆抢劫居民钱财、武器装备和牲畜，把它们分给部众。

1262年来到布哈拉城的威尼斯商人尼古剌及其弟玛窦在"抵此城时，既不能进，又不能退，遂留居不花剌城三年（大约是1262—1265年）"；尼古剌之子马可·波罗对布哈拉城的记录收录在名为《马可·波罗游记》一书中。尼古剌兄弟是从里海草原经沙漠来到布哈拉城的"经行沙漠十有七日，沿途不见城市乡庄，仅见鞑靼人的畜皮帐篷，同牧于田野之牲畜"；经过沙漠后，他们来到了布哈拉城："城大而富庶，在一亦名不花剌之州中。其王名八剌。此城是波斯全境最重要之城。"《马可·波罗游记》一书的注释者说："虽经成吉思汗之残破，不久即见恢复。"但在忽必烈与阿里不哥争夺汗位的斗争中,四十年(1220—1259)的重建成果即将化为乌有。兄弟相煎的战争于1264年以忽必烈的胜利而结束,然而,接着而来的是成吉思汗家族中堂兄弟之间的战争。

1266年,察合台汗八剌与窝阔台系的海都开战,此间,八剌打算把布哈拉城和撒马尔罕城的居民赶到城外,让他的军队肆意掠夺。为了消除蒙古牧民践踏农耕地区和破坏城市,1269年春,海都召集双方在塔拉斯召开了和谈会议,察合台汗八剌和钦察汗忙哥帖木儿的代表别儿哥彻儿应邀出席,会盟地点在窝阔台家族领地塔拉斯草原,因此,此次会议又被称为"塔拉斯会盟"。会上,海都号召成吉思汗的子孙们团结起来,他说:"我们的荣耀的祖先成吉思汗以其明智审慎,用剑和箭征服了世界,筹划好后交给了自己的家族。按照我们的父辈关系,我们相互都是亲属,其他宗王们都是我们的兄弟,我们之间根本不该不和、纷争。我们之间为什么要有不和、纷争呢?"察合台汗八剌赞同道:"是啊,事情就是如此,但是须知我也是那棵树上结出的

拉施特(1247—1317)

果实,也该为我指定营地和生活资料。"为了消除矛盾,他们决定"我们不再想过去的事,将夏营地和冬营地加以公平的划分,迁居到山地和草原上去"。

据拉施特记,大会达成以下决议:一是重新分割领土,决议规定:河中地区三分之二归八剌所有,三分之一归海都和忙哥帖木儿(钦察汗国)管辖;二是保护中亚的城市和农耕地区,决议规定:各游牧部落以后将迁到山地和草原上,不再在城市周围游荡,不再将牲畜赶到庄稼地里,也不再对耕种土地的剌亦牙惕(Raiyyat,农民或百姓)提出不合理的征索。会后,察合台汗八剌按盟约撤离了布哈拉城和撒马尔罕城。据说:"八剌的军队被分驻于冬营地和夏营地,而海都则使自己的军队面对着不花剌,这样,就在不花剌城和八剌的军队之间形成了一道分界线。"

塔拉斯会盟的主题表面上是协调西部地区各汗国间的关系,实质是结成了对抗忽必烈大汗的同盟。会盟还有一项决议是:支持八剌明年春天渡过阿姆河,夺取忽必烈盟友伊利汗国的领土,以扩大察合台汗国军队的牧场、土地和畜群。八剌天真地认为这一决议对他十分有利。

伊利汗国是忽必烈兄弟旭烈兀在今伊朗高原建立的蒙古政权,它与察合台汗国的领土毗邻。建国初期,两国保持着友好关系;塔拉斯会盟中,察合台与窝阔台、钦察汗国结成了反忽必烈联盟，两国关系随之破裂。塔拉斯会盟后，八剌率领三方的联盟军出兵夺取伊利汗国的领地。当时，管理中亚事务的马思忽惕劝阻八剌说："我不赞成你这么干，因为如果你没能征服那边（指伊朗），你就再也不能回到这边来了。"但八剌在利益面前不听劝告，对伊利汗国的战争不可避免地发生了。以后的形势表明，察合台汗国在一系列拉锯战中被拖垮，而布哈拉城也在战争中遭到了毁灭性打击。对此，拉施特记载说："几乎有三年，双方的军队，即阿黑伯、合班、出拜的军队进行掠夺、屠杀，结果使这样大的一座城及其郊区完全遭到破坏，在七年内这个地方没有任何一个生灵。"马思忽惕在布哈拉城修建的"马思忽惕亚"学校在1273年伊利汗国军入侵布哈拉城时被焚毁，建筑物及珍贵的书籍被烧掉。

以后恢复布哈拉城的任务落到了马思忽惕三个儿子的身上。1289年，总管中亚事务的马思忽惕去世，他的三个儿子先后治理着布哈拉和撒马尔罕城，一直到1311年。在他们的治理下，河中地区农、牧经济繁荣起来，出现了人口众多、收入稳定的局面。到13世纪末，布哈拉城又成为繁华的城市，据说，城里修建了高大的建筑和宽敞的街道，以及学校和教堂。蒙古人建造的建筑保留下来的不多，如今能够确定的只有巴哈儿昔和拜延忽里陵园。

巴哈儿昔（1190—1261）是布哈拉城的诗人和大哲学家，

第五章 历经曲折

曾师从中亚苏菲派库布拉维教团的创始人纳吉姆丁·库布拉，学习神秘主义功修。传说，纳吉姆丁·库布拉曾经到钦察汗国说服拔都三弟别儿哥皈依伊斯兰教；纳吉姆丁·库布拉在创建苏菲教团之时，把布哈拉城作为其追随者的传教中心，巴哈儿昔被派到布哈拉城。13世纪中叶，巴哈儿昔成为布哈拉伊斯兰神学院的院长，他死后埋在布哈拉城东的法特哈巴德。

拜延忽里是成吉思汗次子察合台系的子孙。1346年，一位名叫合札罕的地区统治者把持了河中地区政权，察合台系汗王任凭他随意废立，1348年，察合台家族的拜延忽里在他的扶持下登上汗位（1348—1358年在位），是个傀儡汗。合札罕操纵朝政的做法引起了察合如系贵族的不满和嫉恨。1357年，合札罕在打猎之时被人袭杀。他死后，他的儿子米儿咱·乌巴都剌掌权。乌巴都剌看上了拜延忽里的妻子，于是，杀拜延忽里，另立帖木儿沙为汗。拜延忽里是巴哈儿昔的追随者，他死后埋在巴哈儿昔的墓地附近。

14世纪末，在巴哈儿昔墓地周围逐渐建造了一些建筑，形成了今天看到的墓园建筑群。巴哈儿昔陵上面有大小两个圆屋顶，墓地分为墓穴和朝拜两个区，建筑里外都没有更多装饰，给人印象深刻的是它的线条和简洁清晰的设计，该建筑唯一重要的元素是放在墓穴中的、14世纪的木制墓碑。拜延忽里陵是一个有走廊环绕的两房建筑，该建筑用典雅的蓝色、深蓝色和白色无釉赤陶装饰，建筑物正面有一个在墓墙中很难辨认的门柜。

以上经济和建筑情况反映了布哈拉城14世纪中叶的面貌。不过，从1333年左右到过布哈拉城的摩洛哥旅行者伊本·白图泰的记录来看，察合台与伊利汗国的战争给布哈拉城带来的创伤14世纪上半叶还未得到恢复，他眼中的布哈拉城残破不堪。

伊本·白图泰是在1333年至1334年来到布哈拉城的，当时布哈拉城给他的印象是："该城原是河中地区首府，但遭到可诅咒的鞑靼人成吉思汗，即伊拉克国王们的祖先（此处指伊利汗国国王）的洗劫，已败坏不堪。城内一片荒凉，留下来的建筑已寥寥无几。当地人垂头丧气，他们在花剌子模等地的作证资格也被否认，因他们公然煽动门户成见，明目张胆地宣传谬论，否定真理。当地已无一人懂得一点学问，更不要说关心学问了。"

此外，他还记录了当时布哈拉统治者答儿麻失里的宫帐。答儿麻失里住在离布哈拉城一天路程的地方，在宫内的椅子"上面铺着绣金彩锻，帐篷内蒙有绣金丝绸，镶嵌着宝石珠宝的王冠悬挂在离素丹头部约一腕尺的空中"。据说，这位君王重视民情民意，在做完礼拜后的回宫途中，有一些臣民向他申述冤屈，答儿麻失里在每一个申述人面前停下来，倾听他们的陈述。布哈拉城的再次繁荣是14世纪70年代以后的事。

1370 年的帖木儿复兴

13 世纪初,蒙古族巴鲁剌思部首领哈剌察儿随成吉思汗西征来到中亚;西征结束以后,成吉思汗将哈剌察儿统率的千户分封给次子察合台,于是,哈剌察儿成为察合台汗手下的千夫长,统率本部军队。1334 年,察合台汗答儿麻失里去世,汗国四分五裂,河中地区由蒙古四部统治,除巴鲁剌思部外,还有札剌亦儿部、速勒都思部和阿鲁剌惕部。当时,巴鲁剌思部首领是塔剌海,1336 年 4 月 8 日,塔剌海的儿子帖木儿在家乡渴石城附近的霍加伊尔加村诞生。他 10 岁时(1346 年),巴鲁剌思部首领合札罕起兵推翻察合台汗合赞算端,开始操纵河中地区政权,随意废立令自己满意的察合台汗后裔。1357 年,合札罕被暗杀,其子米儿咱·乌巴都剌继任为巴鲁剌思部首领,其子不如其父,无力控制局面,河中地区发生了内乱。内乱导致了东部察合台汗的入侵。正是借助东察合台汗的势力,二十出头的帖木儿崭露头角。经过十多年的打拼,1370 年,帖木儿在

知识的源泉——布哈拉

阿姆河南岸的巴尔赫城建立自己的政权,在此后的三十年中,帖木儿东征西伐,版图不断扩大,史书将他的政权称为帖木儿帝国。

帖木儿帝国时期,西班牙使臣罗·哥泽来滋·克拉维约访问过布哈拉城。1400年,帖木儿开始征服东地中海沿岸国家;1401年攻克大马士革城;1402年春征奥斯曼帝国重要城市安卡拉,于7月20日一举歼灭了奥斯曼军队,欧洲各国君主为之一震;1403年,西班牙卡斯提亚国王亨利三世派使臣克拉维约前往东方各地考察。克拉维约于1404年9月抵达帖木儿帝国都城撒马尔罕,受到帖木儿的热情接待。回国之后,克拉维约将日记整理成书(名为《帖木儿时代之自卡斯提至撒马耳罕游记》,汉译书名为《克拉维约东使记》)。此书有多种抄本流行,其中一种现藏于马德里国立图书馆。

克拉维约在回国途中游历了布哈拉城,他的日记让我们了解了帖木儿帝国时期布哈拉城的一些情况。据他记载:"11月25日(星期五),我们自撒马尔罕动身之后,循一条良好之大道行;6日之中,经过许多人口稠密之村镇。食宿皆取于村中,各处皆承其招待,款以宴席,代备下榻之处。11月27日至名布哈拉之大城。城位于广袤之平川上,墙垣系砖所垒。城边有壕沟,及砖砌之堡垒一座。此间不见有以石料做建筑材料者,其原因,据云:附近少山,故无石料出产。堡垒前,河水流过。城外建有华美之别墅多处。布哈拉附近,米、麦、牛、羊、名酒等,皆有大量出产,商人亦多富厚。经过此城时,城主对我们除作种种供给外,又赠每人马一匹。……布哈拉城内停留之 7 天中,曾降过一场雪。12 月 5 日,我们启程续行;3 日间所经各处,则见人口繁庶,土地肥沃。"可以看出,布哈拉城虽不像撒马尔罕那般华丽,但富裕的情况跃然纸上。

1405 年 2 月 18 日,帖木儿在出征中国途中病逝,终年 71 岁。帖木儿死后,诸子争位。在帖木儿的儿子中,四子沙哈鲁是一个有作为的统治者。1409 年,沙哈鲁进军中亚,平服内争,统一了帖木儿帝国。夺取王位后,他把都城从撒马尔罕迁到他的封地哈烈城(今赫拉特),明代史书称帖木儿帝国为哈烈国。

沙哈鲁在位 40 余年(1405—1447 年),除平息各地叛乱外,主要精力投入国内建设和振兴伊斯兰文化。在他统治期间,帖木儿帝国农村修建了灌溉工程,主要城市得以重建,开辟了新商道,增设了驿站;在他统治期间,伊斯兰学术得以振兴,各城兴建了清真寺、宗教学院,各地宫廷招揽诗人、学者,从事著书立说。沙哈鲁的统治开创了史家称之为"帖木儿文艺复兴"的时代。

沙哈鲁注意与东西方政权的联系。他曾派使臣前往中国明朝。1413 年,哈烈国使团到北京朝贡,明成祖朱棣命中官李达、吏部员外郎陈诚、户部主事李暹等护送使臣回国。陈诚将回访的情况写入他的《西域番国志》和《西域行程记》两本书中。陈诚（1365—1457）系今江西吉水人，15世纪初期多次出使西域，行程总计十多万里。在《西域番国志》布哈拉城条目中，陈诚记载说："卜花儿在撒马尔罕之西700余里，城居平川，周10余里，民物富庶，市里繁华，户口万计，地平衍，宜五谷、桑、麻，天气温和，冬不升火，蔬菜不绝，严丝绵、布帛、六畜悉有之。"以上记载与之前不久到过布哈拉城的克拉维约的记载基本一致，是可信的。然而，从《西域行程记》一书来看，陈诚一行没有到过布哈拉城，以上所记的布哈拉城可能是他在途中听到的。

帖木儿创建帝国之初，以"伊斯兰教的保护者"自诩，奉逊尼派教义为国教，不惜重金修葺和扩建中亚各城的清真寺和宗教学校。与此同时，帖木儿将一些城市或地区作为封地赐给伊斯兰教士，以提高他们的经济地位。以上措施获得了伊斯兰教宗教上层对帖木儿的有力支持。沙哈鲁继续这一政策，也将自己打扮成穆斯林君主，处处展示了虔诚穆斯林的形象。早在他争夺王位之时，他与布哈拉宗教界"为了安排穆斯林的事务"有着频繁的书信往来。即位后，沙哈鲁延聘著名宗教学者担任国师、大臣辅佐素丹施政，每周四次召人进宫讲诵《古兰经》；亲自到清真寺参加星期五大礼拜，严格遵守斋戒。据

第五章 历经曲折

《西域番国志》记,哈烈城的宗教气氛很浓:"每月数次,望西礼拜,名纳马思。若人烟辐辏之处,一所筑大土屋,名默息儿,凡礼拜之时,聚土屋下,列成班行,其中一人高叫数声,众人随班跪拜。若在道途,亦随处礼拜。"

宗教势力的发展,导致了王权与教权之争。沙哈鲁在世时已经看到伊斯兰教上层对王权的威胁,为了与宗教上层势力抗衡,沙哈鲁扶持以低级教士为主要成员的纳合什班底教团。该教团的创始人巴哈丁·纳合什班底(1314—1389)于1314年出生在布哈拉附近乡村一个塔吉克族工匠家庭,年轻时曾拜师学习神秘主义功修之法;学成以后,在布哈拉城创立了苏菲正统派教团,被称为纳合什班底教团。纳合什班底教团主张:灵魂纯洁、戒贪婪、安贫、严格遵守先知的圣训;巴哈丁给教团提出了修行原则:修道于众,巡游于世,谨慎于行,享乐于世。这种修行生活一反以往隐居修行,具有出世思想,在当时统治上层有一定感召力,最终取代了其他苏菲派教团。1389年,巴哈丁·纳合什班底去世,葬在布哈拉附近的巴维丁村,他的墓地被尊为圣地,在此建造了庞大的陵墓建筑群。

到沙哈鲁统治时期,受到王权鼓励的纳合什班底教团的势力已经很强大。随着王权与宗教上层矛盾的激化,最终酿成了他的儿子兀鲁伯被杀的局面。沙哈鲁定都哈烈城后,将河中地区封给长子兀鲁伯(1405—1449),兀鲁伯以撒马尔罕城为首府实施对河中地区的统治。兀鲁伯是一位学者型的统治者，对文化事业有着浓厚的兴趣，并在天文、建筑、数学等方面有很高的造诣。他提倡发展文化艺术，尊重文人、学者、艺术家，重视学术和科学，中亚文化得以继续复兴，对河中地区灿烂的文化做出了巨大贡献。他在撒马尔罕留下了许多杰出的建筑，而在河中地区的文化中心布哈拉城也建筑了一个以他名字命名的经学院。

1417年，兀鲁伯在布哈拉城卡梁建筑群东面大约两百米处建兀鲁伯经学院。建造经学院的工匠是当时技术最好的纳德杰麦特·布哈里和伊斯迈尔·伊斯法加尼。布哈拉兀鲁伯经学院的建筑反映了兀鲁伯与以布哈拉城为中心的纳合希班底教派的对抗，据说，在经学院的装饰中可以看出对抗的一些影子，最明显的是大门在装饰完工后刻上的话语："对知识的追求是每一个伊斯兰教追随者的职责，无论男女"。（Pursuit of knowledge is the duty of each follower of Islam, man and woman.）在兀鲁伯时期，还在经学院对面修建了一座建筑宏大，装饰精美的清真寺。

1447年，沙哈鲁去世，兀鲁伯继承帖木儿帝国王位（1447—1449），撒马尔罕城成了帖木儿帝国的都城。兀鲁伯没有继承其父的统治才华，即位两年后，他的亲生儿子阿不都·剌迪甫在巴尔赫起兵，并在宗教界的支持下将他赶下台。1449年10

月 27 日，兀鲁伯被宗教界处死。如今，兀鲁伯孤寂地躺在撒马尔罕城的古米·埃米尔陵的蓝色穹顶之下，考古学家对尸体的考察证明，兀鲁伯的头颅曾被砍过。

兀鲁伯的儿子阿不都·剌迪甫企图依靠宗教首领维持统治，对他们极为尊重，然而弑父夺位的行为遭到了普遍的反对。在统治 6 个月后，1450 年 5 月 9 日的傍晚，阿不都·剌迪甫在去清真寺的途中被杀，谋杀者将他的首级挂在兀鲁伯陵墓的入口处。此后，宗教界扶持帖木儿第三子米兰沙家族后裔卜赛因·米尔咱（1451—1469 年在位）登上王位。卜赛因·米尔咱先后以撒马尔罕（1452—1459）和哈烈城（1459—1469）为都；他死后，统一的帖木儿帝国分裂为东、西两部；三十年后，成吉思汗家族从他们手中夺回了统治权。

波罗豪兹：光塔

第六章

再度辉煌

在缓慢悠长的时间长河中,9至10世纪,布哈拉城经历了第一次辉煌,萨曼王朝将她打造成了伊斯兰教圣地;11世纪至15世纪的五百年中,布哈拉城在突厥人和蒙古人反复奏响的毁灭与重建中,保住伊斯兰文化中心的地位;时光之水静静流淌,流来了生机,流来了希望,在16世纪及其后的近四百年间,布哈拉城再度被奉为都城,迎来了她的又一个辉煌时期。

重铸辉煌的一百年
——昔班尼王朝——建筑、文学

1993年，联合国教科文组织将布哈拉城历史文化中心列入《世界遗产名录》的三项评定意见之一是："在9世纪至16世纪，布哈拉城是近东地区伊斯兰神学，特别是苏菲派神秘主义神学的最大中心，拥有200多座清真寺、100多个伊斯兰学院。"以上价值的形成始于萨曼王朝，最终的确立是在16世纪。16世纪，布哈拉成为中亚政权的首都，成了中亚伊斯兰文化与教育中心，成吉思汗的子孙们在经营自己家族事业的同时，在布哈拉城的有限空间建造了水平超过前代的华丽宫殿和陵墓；建造了传承伊斯兰信仰的经学院和祈求真主保佑的清真寺；建造了便民利民的饮水池子和繁荣的贸易市场。一时间，祥气云集，群星璀璨，文化名城布哈拉实至名归！

在中亚建立帝国的帖木儿，一心梦想成为成吉思汗那样的帝王，然而，在讲究血统的时代，他不得不坚持察合台家族的

第六章 再度辉煌

正统性，继续扶持察合台家族的傀儡汗。为了跻身成吉思汗家族行列，他本人娶了成吉思汗系公主，并极力撮合孙儿们与蒙古公主通婚，希望以此获得帖木儿政权的合法性。帖木儿去世以后，其子沙哈鲁的统治尚能维持国家的安定和统一，保住帖木儿家族的荣耀；但沙哈鲁逝世以后，他的子孙们争权夺利，帖木儿帝国分裂了。分裂给予具有成吉思汗血统的乌兹别克人机会，他们在中亚重建了成吉思汗家族的统治。

灭亡帖木儿帝国的是成吉思汗长支后裔昔班尼，他从帖木儿宗王手中夺取布哈拉城，开启了昔班家族的黎明之旅。有人说，成吉思汗1220年的布哈拉之战奠定了他的家族在中亚七百年的统治，这一说法是不准确的，其中统治中亚一百多年（1370—1500）的帖木儿家族不是成吉思汗的子孙；有人说，成吉思汗1220年的布哈拉之战开启了蒙古人在中亚七百年的统治，这一说法也是不准确的，因为1500年在中亚建立政权的成吉思汗后裔已经不再是纯粹的蒙古人，他们在欧亚草原上生活的两百多年中已经被突厥人同化，是具有突厥人血统和外貌特征的、说钦察突厥语的突厥化蒙古人，即乌兹别克人。

乌兹别克人是成吉思汗术赤的后代。在征服中亚的战争结束之后，成吉思汗于1225年对征服地进行了分封。其中，额尔齐斯河以西，包括咸海、里海以北的中亚草原分给了长子术赤，术赤在额尔齐斯河畔建立了汗廷（统治中心）。术赤去世

（大约 1227 年 2 月）以后，他的封地由次子拔都继承。1236 年至 1240 年，拔都领导了对东欧平原的征服；战争结束后，拔都将统治中心从额尔齐斯河畔迁到伏尔加河下游的萨莱城（遗址在今阿斯特拉罕附近），史家们将他在此建立的政权称为钦察汗国。

西迁以后，拔都把术赤的东部封地分给了他的长兄斡儿答和五弟昔班。长兄斡儿答家族的封地在卡拉套山以北至萨雷河流域之间，锡尔河三角洲向西延伸到阿姆河三角洲的地带也归他们；昔班家族在斡儿答封地的西北方，夏季牧场在乌拉尔山区、伊列克河（乌拉尔河支流）和伊尔吉兹河之间，冬季他们南移到斡儿答封地边界上。1380 年，斡儿答家族打败并夺取了钦察汗国的最高统治权，其下的大多数部落迁往伏尔加河流域，他们的牧地被昔班家族占有。

兼并斡儿答家族的封地以后，昔班家族的势力壮大起来。1428 年，昔班家族王子阿布海尔在咸海北岸建立了政权，这一政权被史家称为乌兹别克汗国（1428—1468）。"乌兹别克"最初是钦察汗穆罕默德·乌兹别克汗（中国史书名为月即别汗）的人名，他在位时期（1312—1345）汗国强盛，远近闻名，境内部民自豪地称自己为乌兹别克人（月即别人），久而久之，欧亚内陆各族都以乌兹别克一名称呼他们。15 世纪，河中地区居民把昔班家族封地上的部落民和乌拉尔山以西的曼吉特部民

第六章 再度辉煌

都称为乌兹别克人。

乌兹别克汗国自形成之时起就不断与东面的察合台汗国和南面的帖木儿帝国进行战争，打了一些胜仗，甚至还统治了锡尔河沿岸的一些城市。然而，这些成功未能延长它的寿命。1468年，阿布海尔在与东察合台汗国的战争中被杀，乌兹别克汗国顷刻瓦解，昔班家族开始了争夺权力的混战。15世纪末，阿布海尔的孙子昔班尼（1451—1510）把锡尔河北部草原的部民召集起来组建了一支队伍，带着这支武装南下参与了河中地区的角逐。他利用帖木儿帝国的分裂，各个击破，在1500年攻占了布哈拉城。

昔班尼在布哈拉城招兵买马，据毛拉·萨迪记"布哈拉在陷落之后，从7岁到70岁的所有布哈拉城民都受命参加昔班尼的战争"；利用这支军队，昔班尼推翻了以撒马尔罕为都的帖木儿政权，在此建立了乌兹别克人的政权，史称昔班尼王朝（1500—1598）。随即，昔班尼开始向西扩张势力。1510

昔班尼画像

年,他在与波斯人的战斗中被杀;1512 年,他的侄儿奥贝都剌在布哈拉城北的忽吉都万打败了波斯军队,拯救了刚成立不久的昔班尼王朝。1531 年,奥贝都剌把王朝都城从撒马尔罕城迁到自己的封地布哈拉城,在此大兴土木。

最初,布哈拉城的都城地位并不巩固。1539 年,奥贝都剌汗去世,昔班尼家族成员在撒马尔罕城建立了一个与奥贝都剌之子的布哈拉政权分庭抗礼的王朝。分裂局面持续了 18 年。1557 年,昔班尼家族成员阿布杜拉经过无数次战斗最终在布哈拉城建立了统一政权。正是在阿布杜拉和他父亲统治时期(1557—1598),布哈拉的都城地位巩固下来,并且保持了近四百年。

在昔班尼王朝统治时期,布哈拉在社会经济和文化艺术方面迎来了辉煌时期。1502 年,昔班尼建造了横跨泽拉夫尚河的大坝桥,布哈拉城开始向北面扩展。作为都城,布哈拉市区在不断扩大,离城六七公里的宗教世家赘巴依家族所在乡村被纳入市区,从赘巴依村到市中心修了一条宽阔美丽的林荫道。16 世纪的布哈拉城的手工业得到极大发展,几乎每个行业都有出售自己产品的专门集市,今天所说的专卖店也出现了,有帽行、金行、箭行、布庄等。在这一百年,昔班尼王朝布哈拉城建造了一些便利市民的建筑,其中有圆屋顶市场、存放布匹和丝绸的布庄、旅馆和水池;在城郊还建造了灌溉渠、桥梁和水

第六章 再度辉煌

库。其中，哈纳克大市场是现存最早、最大的工商行建筑，它由无数拱形穹顶组合形成，据说《一千零一夜》中阿里巴巴与四十大盗的故事就发生在布哈拉市集中，这一传说吸引了众多的观光旅客。

重铸辉煌的布哈拉城在文学上的成就也是欧亚内陆任何一个城市无法与之相比的。1507年，昔班尼在攻克帖木儿帝国西部都城哈烈后，把哈烈城的文学和艺术，以及科学界的代表人物带到布哈拉城。布哈拉城内各封建主和大臣的官邸都成了文化基地，连商人和手工业者的居住区也是文化活跃的地方。文人云集的布哈拉城经常举行文化聚会，各地诗人、学者和智者在此展开竞赛，其中诗人兼历史学家哲鲁丁·瓦撒夫就是一位活跃分子，奥贝都剌汗本人也积极投身于文化活动。当时的史学家们赞誉道："布哈拉成了文艺和学术的中心，可以和忽辛时代的赫拉特城相媲美。"

诗歌的成就一马当先。世居布哈拉城的诗人赛菲·布哈里（卒于1503/1504）被视为都市诗歌的奠基人，他留下了两部诗集，这些赞美布哈拉城民（如雕塑家、铁匠、鞋匠、面包师等）的诗歌对后世产生了影响。来到布哈拉的诗人们开始撰写歌颂汗王的诗文，如负有盛名的诗人卡马鲁丁·比纳依写了歌颂昔班尼战功的《昔班尼传》和《汗战功记》。奥贝都剌是一位兴趣广泛的汗王，据说，他能用阿拉伯文、波斯文和突厥文写诗，当时的史家海答儿评价说："……他藏有突厥、阿拉伯和波斯各国诗人的诗集。他精通音律，他的若干歌谱至今仍被乐师歌唱。"他用笔名乌伯地（cUbaydī）发表的诗保留下来。在他的赞助下，察合台语文学，特别是察合台语诗歌，步入兴盛时期。

阿布杜拉是昔班尼王朝杰出的汗王，他的统治使布哈拉的都城地位牢固地确立起来，不仅如此，他为布哈拉步入文化名城的行列也做出了不小的贡献。1578年，布哈拉城土生土长的诗人阿布杜尔·拉赫曼·穆斯菲奇·布哈里（1522—1588）被召入宫，奉为宫廷首席诗人。他的诗歌把古典文风与通俗的表达方式结合起来，他留下的颂诗、四行诗、颂词、短诗、诗歌谜语和长诗对后世产生了影响，其中《司酒者之书》、《天国花园》和《世界书》是他的代表作；他的韵文注重反映现实生活，如布哈拉城发生的事件和新添的建筑通过他的韵文得以保留下来。

除了诗歌创作外，西方一些文学巨著在布哈拉城被制作成手抄本流传。当时，昔班尼王朝继承和发扬了帖木儿帝国建造藏书院的传统，设立了许多图书馆，特别是宫廷图书馆，这些图书馆得到了王室的大力赞助，如酷爱书籍收藏的阿布·阿吉斯汗将著名书法家都召到宫廷图书馆，他们在此将波斯文学巨著制作成手抄书；又如布哈拉宫廷图书馆馆长米拉克把哈烈

第六章 再度辉煌

城的精英召到馆内,把他们从哈烈城收藏中带来的书稿重新排印。在布哈拉宫廷图书馆制作和重新排印的书中,有纳瓦伊写于1491—1492年的《五卷书》,萨迪写于1500年的《蔷薇园》,贾米写于1509年的《给贵族的礼物》。抄写文学著作和古兰经蔚然成风,据史家海达尔记,奥贝都剌汗能写七种不同的书法,写得最好的是纳斯乞体(Naskhi),他抄写了好几部《古兰经》,把它们送到默伽和默德那(即麦加和麦地那)两圣城。

手抄书的制作带动了绘画艺术的发展,绘画也是昔班尼王朝值得一提的成就。1507年,从哈烈城来到布哈拉的艺术家们,在此吸取了当地的艺术成就,到16世纪中叶,一种具有融合风格的赫拉特(哈烈)-布哈拉学派形成,其代表人物是沙赫·匝达。沙赫·匝达,他的成就反映在文学作品的插图中,其中,他为《诗选》一书画的插图"鲜花盛开的果园中的情侣"被认为是赫拉特-布哈拉派风格的代表作。在他手下工作的画家有马赫穆德·穆匝黑伯、阿布杜拉(初期名字)和沙雅汗·本·毛拉·优素福·赫拉维;其中马赫穆德·穆匝黑伯的代表作是为手抄本《秘密的藏室》制作的插图"苏丹桑伽与老妇人"。到16世纪下半叶,以"构图简略、装饰性强"为特征的布哈拉画派形成,上面提到的阿布杜拉是该派的代表人物,他为萨迪《蔷薇园》手抄书画的插图"情侣"是该派的代表作。

16 世纪，作为近东地区伊斯兰教研究中心，特别是苏菲派神秘主义神学的最大中心，布哈拉城修缮和新建了一些清真寺和经学院，如 1509 年建造了中亚最大的经学院库克尔达什经学院，1535 年，建造了米尔·阿拉布经学院（原名阿拉伯亲王经学院），这些伊斯兰高等学府不仅是伊斯兰教研究中心，而且其伊斯兰式建筑也极负盛名。

这一时期的建筑开始注意了整体性布局（建筑群）。城标性的卡梁建筑群始建于喀喇汗王朝时期，最终完成是在奥贝都剌时期。在成吉思汗大火中受损的卡梁清真寺于 1514 年开始修复，1530 年至 1536 年，卡梁建筑群另一个重要组成部分米尔·阿拉布经学院建成。这座伊斯兰高等学府是一幢三层建筑，它与卡梁清真寺相对而立。从外观上看，经学院的格局大气美观，建筑物正面中段檐口升高，中央有一个大凹龛，上面是半个拱顶，凹龛底上深处是门洞。这种纪念性建筑在 11 世纪以后的中亚和伊朗地区很普遍，而米尔·阿拉布经学院的伊旺两边各有一个蓝色的穹顶，这在乌兹别克经学院中是罕见的。

米尔·阿拉布经学院内设图书馆、教室，还有 114 个方便伊斯兰僧侣们研习之用的小房间，据说，房间的数目恰好等同于《古兰经》的章数。米尔·阿拉布经学院无论从景观造型或是内部陈设和装饰都保留着古风古貌。经学院自建成之日起，除了从事伊斯兰教学术活动外，还传授阿拉伯语、古兰经和伊斯兰教律法；来自中亚各地的伊斯兰教徒在此学习和研究。十月革命后，米尔·阿拉布经学院一度关闭，于 1952 年重新启用，它是苏联时期仅存的两所伊斯兰教经学院之一（另一所是塔什干伊斯兰学院），除这两所学院外，其他任何伊斯兰宗教教育机构都被禁止。苏联时期，米尔·阿拉布经学院负责培养国家需要的伊斯兰教经学家和教职人员。目前，米尔·阿拉布经学院仍作为教学场所，没有作为参观景点，图书馆也在使用，继续发挥着学术研究的功能。

据说，奥贝都剌建造这座经学院的费用是将 3000 名波斯籍奴隶贩卖所得的巨款，因此有人说："这座经学院不是泥土和砖瓦建造的，而是人们的悲愤血泪！"据史书记载，为了保住昔班尼打下的江山，奥贝都剌曾四次出征波斯，抓获不少波斯籍俘虏，把俘虏作为奴隶出售在当时是普遍的事情。

科什建筑群也是昔班尼王朝时期建造的，它坐落在萨曼王陵东南大约 300 米处。科什建筑群也由两座经学院组成，一座是 1567 年建的马达尔伊汗经学院和 1587 至 1590 年建的阿布杜拉汗经学院组成；马达尔伊汗（Mādar-i Khān）在波斯语中意为"汗的母亲"。两座建筑面对面，建筑风格十分相似，正面都建有大型的伊旺，没有奢华的装饰。

查尔·巴克尔墓建筑群是在阿布杜拉时期形成的，它位于布哈拉城西五公里，据说出自先知穆罕默德家族的赘巴依家族从 10 世纪开始在此生活，最早的墓距今有一千年。阿布杜拉在位时期确立了赘巴依家族的地位，并且决定在其家族墓地上建清真寺、修道院和救济院，把它们作为礼物送给他的导师赘巴依家族的穆罕默德·伊斯拉木和卓。1563 年，穆罕默德·伊斯拉木和卓逝世后葬于此地，以后包括他的儿子和卓巴克儿·赛德在内的家族成员陆续葬入其中。因葬入墓地的人中有四人具有"巴克尔"称号，这一陵墓得名查尔·巴克尔建筑群。如今，查尔·巴克尔建筑群已被列入世界文化遗产。

应该提到的宗教性建筑还有以后成为布哈拉城象征的拉比豪兹建筑群。该建筑群中的第一座建筑——库克尔达什清真寺（又称库克尔达什经学院）是阿布杜拉汗时期建造的，它坐落在今拉比水池的北面。如今库克尔达什清真寺的墙面还残存着少量瓷砖，可见当初的美丽；寺内有 160 个房间，现在作为卖手工艺织品的商店使用，西北角的一个房间现在成为博物馆，展示着当时在此学习和研究者的生活的情景。

布哈拉城的都城地位在丧失了五百年之后又重新确立起来，在近一百年中，昔班尼王朝的统治在各方面都重铸了布哈拉城的辉煌。

名垂史册的丰碑
——札尼王朝的建筑和文学

昔班尼王朝后期，阿布杜拉汗之子发起争夺王位的斗争，父子在旷日持久的战争中先后去世，遗憾的是，昔班尼王室男系绝嗣。1598年，布哈拉贵族代表会议推举阿布杜拉的女婿札尼伯继承汗位。札尼伯家族也是成吉思汗后裔，他们是伏尔加河下游的阿斯特拉罕王朝的统治者。1556年春，阿斯特拉罕汗国被俄国兼并，亡国之君雅尔·穆罕默德携带儿子札尼伯来到布哈拉城；1567年，阿布杜拉把女儿嫁给了札尼伯。札尼伯家族在布哈拉的政权史称札尼王朝或阿斯特拉罕王朝（1598—1747）。

札尼伯即位之初，他的两个儿子为了保卫哈烈城，在呼罗珊与波斯人作战。长子丁·穆罕默德在战争中被杀（1598年8月），次子巴基·穆罕默德带着兄长的两个儿子伊玛姆·库利和纳迪尔·穆罕默德回到布哈拉城。

知识的源泉——布哈拉

1611年，伊玛姆·库利通过一系列斗争登上了布哈拉城王位。在长达31年（1611—1642）的统治中，他在布哈拉实施比较温和的政策，维持着一个稳定的政府，给河中地区带来了和平。他重视发展经济，特别注意发展农业，拓宽和修建了灌溉水渠。晚年，他因眼疾致盲，把王位让给了其弟纳迪尔·穆罕默德，自己前往麦加朝圣。途经波斯之时，他找人给自己画了一张像，此像现存莫斯科国家东方民族艺术博物馆。

1642年，纳迪尔·穆罕默德在布哈拉城继承王位，他的统治只有三年（1642—1645）。与其兄不同，他在布哈拉实施暴政，对罪行轻微的人实施诸如下油锅之类的酷刑。据说，他发明了一种刑具，把人从头到脚的整个放在上面，像轧棉花一样轧；他下面的大臣修了一堵石墙，墙上开一个洞，旁边有两头执刑用的牛，被处死的人用牛把头拉下来。史学家们认为："根据当时的标准，此等判刑并不严厉！"在1650年的威尼斯，其法律有如下条款："重罪判死刑，伪造罪切掉一只手，强奸罪和通奸罪切掉一只手并挖去一只眼。"可见，17世纪上半叶，酷刑在世界范围内盛行。

除了实施暴政，纳迪尔·穆罕默德还在布哈拉聚敛财富。据史书记载："在昔班尼王朝和阿斯特拉罕王朝的所有汗中，没有一个比他更富有的。他家的东西有六百卡塔尔骆驼驮子；在他的马厩里有8000匹上等马，放牧在外的马还不包括在内；

不算其他牲畜，单是灰色的卡拉库尔羊就有八九千只。在他宫中的仓库里，有 400 只装满橙黄色法兰克天鹅绒的箱子。"

纳迪尔·穆罕默德的暴政和贪婪引起了乌兹别克酋长们的强烈反对，他的儿子阿布·阿吉斯首先起来夺取了他的王位。1645 年，纳迪尔·穆罕默德逃到巴尔赫城，以后又逃亡马什哈德和伊斯法罕。在历尽磨难、灰心名利之后，他决定退出政治舞台去麦加朝圣。1657 年，他在朝圣途中去世。

纳迪尔·穆罕默德之子阿布·阿吉斯在布哈拉继承了汗位。他在位期间（1645—1681），布哈拉城目睹了来自花剌子模绿洲政权希瓦汗国的入侵，终其一生都在与入侵的希瓦军队作战。1681 年，精疲力竭的阿布·阿吉斯让位给其弟苏布罕·库里，自己前往麦加朝圣。苏布罕·库里即位（1681—1702 年在位）后三年，于 1684 年成功地抵御了希瓦军队对布哈拉的大规模入侵。

苏布罕·库里喜欢钻研医学，他在阿维森纳的医学著作的基础上，用突厥文编写了一部医书；但他的成就主要在文学上。在苏布罕·库里的大力扶持下，布哈拉城真正成了伊斯兰教神学中心。

札尼王朝的汗王们在布哈拉城留下了让其名垂史册的建筑和文学。在半个世纪中，被人们视为布哈拉城的中心地带和象征的拉比豪兹建筑群形成。

拉比豪兹建筑群形成于伊玛姆·库利统治时期的17世纪上半叶。它的第一座建筑库克尔达什清真寺是昔班尼王朝时期建造的，以后陆续建造了拉比水池、纳迪尔·迪旺贝基苏菲修道院和纳迪尔·迪旺贝基经学院，这一时期建筑物的设计注重与已往建筑的协调一致。

拉比豪兹建于1620年，建在库克尔达什清真寺的南面，在波斯语中Lyabi-Hauz意为"在水池边"。布哈拉人还赋予拉比豪兹一些有趣的传说。民间流传说：布哈拉汗国的大臣纳迪尔·迪旺贝基选中此地要建一座供市民们用水的池子，但遭到了女犹太地主的一口拒绝。于是，迪旺贝基想了一条妙计：他把运河的水引到女地主家地里，河水冲走了女地主的家，她只好搬走，池子在此得以建造。

纳玛姆·库利统治时期，布哈拉城有两百多个水池，近代以来，这些水池因自来水管的建设而弃用，如今保留下来的有六个，拉比豪兹是其中之一。拉比豪兹曾经是市民们盥洗之处，当然也是闲话家常的地方，周围种植了树木和草坪。如今古树林立，绿意盎然的拉比豪兹还散发着浓郁的市井气息，是市民和游客休憩、喝茶或聊天的好去处。

纳迪尔·迪旺贝基苏菲修道院坐落在拉比水池的西面，据说也是1620年建造的。它是一座近乎正方形的建筑，里面家徒四壁，只有米哈拉布带有鲜艳的装饰。修道院建筑前面的古桑树年代久远,据说有 500 年之久,是国家一级的保护古物。

1631 年,纳迪尔·迪旺贝基在拉比豪兹广场东面建了一座经学院,现名为纳迪尔·迪旺贝基经学院。经学院正门外面的装饰图案引人注目,门上方两边有瓷砖拼出的两只展翅飞翔的凤凰,它们正飞向门上方中央的太阳,太阳画成一个人的脸。有人说,两只飞翔的不是凤凰,而是当地名叫鹳的一种吉祥鸟,经学院建成后鹳鸟经常在此筑巢栖息。显然,无论是凤凰还是飞鹳,这样的装饰不符合伊斯兰教禁止偶像崇拜的教义,一度遭到非议。这样的装饰能够保存下来足以证明伊斯兰文化中心布哈拉城的宽容。据说,当初这一建筑是商队旅店,1662 年才成为经学院。如今这里已不是教学和研究的场所,而是观光、娱乐和休闲之地,内部设有茶馆和纪念品商店,晚上还有文艺演出。

除拉比豪兹建筑群外,17 世纪形成的建筑群还有纳克什班底陵。17 世纪以后,布哈拉汗王们都以葬在圣墓附近而感到光荣,于是,开始在圣徒巴哈丁·纳合什班底墓地建造清真寺、修道院、收容院等宗教建筑。建筑群包括了两座古老的清真寺、一座尖塔、一座有石池的院子。墓地上的清真寺不是宏伟建筑,宣礼塔也不高大,坟墓坐落在进门口的露天中庭里,周围是一圈雕花的围廊和座椅,供信徒们在此冥想休息。陵墓的背后有一株据说可以追溯到巴哈丁生活时代的古桑树干,信徒们奉之为圣树，绕着它逆时针方向转圈以求获得好运。经过几百年的增建，墓地建筑群到 20 世纪才最终形成。如今瞻仰纳克什班底陵的游客不多，络绎不绝的是前来朝圣的当地人。

纳迪尔·穆罕默德的短暂统治未能留下有值得一提的建筑，但在他的儿子阿布·阿吉斯统治时期，也就是 1652 年，在布哈拉兀鲁伯经学院对面建造了阿布·阿吉斯清真寺。清真寺规模宏大，其正面伊旺的雕刻丰富，色彩缤纷；清真寺里面如今破败不堪，墙面瓷砖斑驳脱离，未经修复的建筑保留了更多历史的沧桑。

17 世纪末期的著名建筑还有名为乔尔—米诺尔宗教学校的一个门房，乔尔—米诺尔是四塔的意思，因此，该建筑又名为四塔清真寺，据说，当时是一所伊斯兰教的初等学校。四塔的形状与以往不同，四个圆顶高塔对角耸立，穹顶之色与蓝天融合为一。塔的一些装饰元素像一个十字架、耶稣鱼（耶稣鱼是基督教的一个代表符号，早期基督徒为了躲避罗马帝国的宗教迫害而使用）和佛教的转经轮，反映出宗教融合的多元性。四塔清真寺前面有一个天井，天井中央有一个内壁用砖砌成的小水池。

四塔清真寺保存完好，据说它建于 1807 年，是突厥富商尼雅朱尔用钱堆起来的。然而据有关文献记载，最早的建筑是 17 世纪末期的；从建筑规模来看，它继承了布哈拉城 13 世纪以前

第六章 再度辉煌

小型建筑的传统，从它带蓝色圆屋顶的建筑特征来看，它又有16世纪以后的特征，建于17世纪末的说法可能性较大。

在札尼王朝统治前期，值得一提的还有当时的文学成就。昔班尼王朝时期兴起的诗歌热，在札尼王朝时期继续发展。据说，纳迪尔·穆罕默德在巴尔赫城时曾资助过大学者马合木·本·瓦利。马合木家族对他的文学创作提供了条件。他的叔叔在布哈拉宫廷任职，他的姐夫米拉克沙·胡赛尼藏书丰富，收藏了历史、地理、文学、圣训学、法律学等各类书籍，马合木曾阅读过伊本·法基赫、穆卡达西、伊斯塔里、卡兹维尼、贝纳克吉、瓦撒夫、拉施特、志费尼、洪德米尔等人的著作。知识的宝库滋养了马合木，后来他奉纳迪尔之命写了《贤者高风奥秘》一书。此书从伊斯兰教以前的先知、古代阿拉伯和波斯王朝诸王一直写到17世纪40年代，共有七卷。在流传下来的第六卷中，记述了蒙古人、成吉思汗、术赤兀鲁思和察合台兀鲁思的历史。此外，马合木给布哈拉留下了许多诗作，如《迷人的芳香》、《爱情集》、《明亮的星》、《春天集》、《胡赛因伦理》；此外，他还留传下来一本收录了5万对两行诗的诗集。

苏布罕·库里在位时期，文学题材已经不局限于宫廷生活和歌颂统治者，出现了一批关注布哈拉城下层人民生活的伟大的作家，杰出诗人赛伊多·米尔·阿比德·纳萨菲是其中之

知识的源泉——布哈拉

一。赛伊多出生在纳萨夫城（撒马尔罕城南的卡尔施），以后长期在布哈拉城生活。在诗歌题材上，赛伊多与宫廷诗人针锋相对，不歌颂帝王和达官贵人，而是歌颂普通劳动者和穷人。赛伊多在诗中写道："不论我在何处遇到穷人，我都使他们欣悦，从这片草原流出的泉水，将变成我篮子里的第一朵鲜花。"赛伊多在熟练运用各种诗歌形式的基础上形成了自己的风格。在《春天的旋律》一诗中，他运用寓言故事，借动物之口描绘了封建社会各阶层人物的形象。他认为，像蚂蚁一样忙碌的劳动者实际上高于一切，如果他们团结起来，就能战胜狮子。在他的韵文中，广泛应用劳动者，尤其是手工业者的口头语和他们的表达方式，他反映手工艺人的短篇爱情诗《倾国倾城者》在布哈拉城引起了轰动。有评价说："他的优美颂诗是文学界人士的范文，他优雅的五行韵文是花篮中的玫瑰。"

贵族吐尔迪·法鲁克希（卒于 1700 年左右）也是布哈拉城的著名诗人。吐尔迪·法鲁克希大半辈子过着贫困生活，他以诗歌的形式谴责伯克的横暴，号召乌兹别克部落团结起来推翻不称职的汗，号召停止造成人民破产的封建内讧。在给氏族和部落酋长们的信中，他写道："从同一个衣领中扬起你们的头颅，给你们自己穿上同一件衣服，使你们只有一个衣领和一个袖子。"

杰出的诗人还有费特拉特·扎尔杜兹·撒马尔干迪。费

第六章 再度辉煌

特拉特于 1657 年出生在撒马尔罕城的一个工匠家庭，在布哈拉城接受教育，并在此度过了才华横溢的一生。费特拉特以各种波斯诗歌风格创作，其中，最受欢迎的作品是《年轻的洗衣男工》，他在诗中描述了一个洗衣男工和一位美女（统治者的女儿）的爱情悲剧。巴巴·拉希姆·马什拉布也是反映民生的杰出诗人，他的诗歌对压迫与不公正提出了抗议，广泛流行，1711 年他在巴尔赫被处决。

建筑和文学是札尼王朝为布哈拉城增添的一座座丰碑。这些成就得益于这一时期布哈拉绿洲经济的发达。成书于 1739 年的中国史籍《明史》留下了布哈拉城 18 世纪初期的情况："市里繁华，号为富庶。宜五谷桑麻，多丝绵布帛。"以上记录反映，札尼王朝统治之初的布哈拉繁荣富庶，桑麻和棉花是布哈拉绿洲的主要经济作物，布哈拉城周围是一片片的棉花地，布哈拉城周边村镇的棉纺织业也很发达，是布哈拉出口的主要商品。

记录辉煌的史学
——札尼王朝的史学成就

苏布罕·库里于1702年去世,他的儿子奥贝都拉在王朝分裂动乱中登上了汗位,他的统治经历了札尼王朝由盛转衰的命运。奥贝都拉在位期间(1702—1711年在位),一改以往局限于上层贵族的用人政策,大胆起用一些手工业者和商人进入他的行政机构。据同时代人记:"奴隶之子被任命为法官;给小人物提供大人物的位置,使他们成为国家的统治者或大埃米尔,并授予他们军阶的勋章,因此,他的行为与原统治者们的行为相违背,并且越出了其祖辈们的习惯和决定的正轨。"

在经济方面,奥贝都拉汗在布哈拉城推行给他带来麻烦的货币改革。据当时史书记,汗的开销不断增加,而国库的银子越来越少,于是,奥贝都拉想到了币制改革这条妙计。他先提高铸币的银含量,将它们增加到35%,当国库中积聚了"高纯度银币"之后,他秘密地将它们融化,把一枚银币改铸成四

第六章　再度辉煌

枚，这样，每枚新铸币的银含量大约只有 9%。当然，"没有人愿意要新钱"，于是，手艺人和商人们纷纷关门停业："把装货物和食品的大箱子从市场上运走。普通老百姓和穷人买不到日常用品，处境十分困难，人死后甚至连裹尸的白布也买不到。城里开始骚乱，一些人甚至到宫门前，往大门里扔石头，但他们被卫兵赶跑，而领头的四个人被吊死。总之，币制改革并没有取消，过了一些日子之后，城里和草原上的生意又开始了，而劳动群众变得更贫困了。"

布哈拉城的动荡削弱了札尼王朝，一些地区趁机摆脱独立出去。为了维护统一，奥贝都拉汗对这些地区和城市进行讨伐，然而，军事行动不但没有取得成果，反而给老百姓带来了更大的痛苦。1707 年 5 月 12 日，在围攻巴尔赫时，奥贝都拉汗派遣 4000 人向昆都士方向突袭，他们"像一头头受伤的野猪向四面八方冲去，把残忍和邪恶之火投向穆斯林平静的打谷场，踏坏穆斯林的庄稼，还把马和骆驼放进去祸害。他们不断地杀害、捆绑和打伤居民……这些粗暴愚蠢的人一路上见什么就抢什么……他们在被他们占据的地区制造动乱和滥施淫威。在几天里把房屋和庄稼都烧了"。"对巴尔赫的居民来说，在布哈拉军队 1707 年 5 月 12 日夺取该城以后，那一天是他们受到可怕惩罚、充满惊慌和不可能再有的一天。因为他们亲眼看到了这片土地失去安宁的可怕情景……男人们的惨叫，女人们的

知识的源泉——布哈拉

哀号,孩子们的哭泣响彻云端。看到这些七重天上的天使们从心底里叹息,苍天仁慈的心都碎了……从九重天上传来可怕的喊声,如闪电一样迅速熊熊燃烧的大火,把大部分房屋和巴扎都烧了。〔兵士们〕从富人和印度人的深宅大院里拉来的各种东西把大地压得喘不过气。有几位穆斯林母亲和女儿像俘虏一样被赶走……"

当时的史书记载说:"奥贝都拉在执政后期走偏了路,他把精力用在扶植和亲近那些低微孱弱、卑鄙无用和不称职的人身上;喜欢和恶棍、后宫太监和女人在一起。"作者还指出汗的母亲经常干涉国家政事,事事都要打听仔细。1711年,奥贝都拉死于统治上层策划的一次阴谋。

奥贝都拉被杀后,其弟阿布尔·费兹在布哈拉继位。他在位期间(1711—1747年在位),布哈拉城目睹了分裂、动乱和外敌入侵,札尼王朝不可逆转地走向灭亡。阿布尔·费兹统治期间,几个重要行省脱离了布哈拉政权。其中,撒马尔罕城建立了独立政权。1723年至1725年,撒马尔罕的独立汗国多次骚扰布哈拉城郊,据当时在布哈拉的俄国人别涅维尼记:"城市被叛乱者围攻有时达5个月之久,围攻给当地的居民造成了无穷的灾难,汗缺少用来供养军队的资金。"这一时期出现的蝗虫灾害使布哈拉雪上加霜,发生了人吃人的现象,人们纷纷逃离,布哈拉城几乎变成了一座废墟,只有两个街区还有居民居住。

然而，更大的威胁接踵而至。阿布尔·费兹汗统治期间，大权旁落，布哈拉城权力实际掌握在大臣手中，国事由他们主宰。当时，布哈拉西面的土库曼人纳迪尔在呼罗珊建立的阿夫沙尔王朝，很快把目光对准了布哈拉城，他率军渡过了阿姆河。阿布尔·费兹汗的大臣穆罕默德·哈辛姆匆忙携带礼物前来谈判，结果是劝汗王走归顺之路。于是，双方签订了和平协议。根据协议，纳迪尔在布哈拉城留下一位代理人协同管理札尼王朝事务，为巩固协议，阿布尔·费兹的女儿嫁给了纳迪尔。

1746年，布哈拉城爆发了反阿布尔·费兹汗的起义，纳迪尔出兵镇压，并于1747年7月9日在布哈拉召开高级会议，罢免并关押了阿布尔·费兹汗，第二天（7月10日），阿布尔·费兹年仅12岁的儿子阿布穆明被扶上布哈拉汗位。当布哈拉城正在进行王位更替时，传来纳迪尔被其部下谋杀的消息，他在布哈拉城的代理统治顷刻瓦解。12岁的阿布穆明未能控制局面，军队首领拉希姆·曼吉特在布哈拉成功夺权，札尼王朝灭亡。

虽然奥贝都拉兄弟的统治让札尼王朝经历了由盛转衰的过程，但在他们统治的四十多年中，布哈拉城的文化生活仍然继续繁荣，承继札尼王朝前期的成就，布哈拉城的建筑和文学继续发展，并有了时代特征，而史学更是登上了历史的高峰。

18世纪上半叶，随着社会经济的发展和市民生活的丰富，民间文学发展起来，排挤了16世纪发展起来的宫廷文学；与此同时，为满足各种文化层次读者的需要，对文学作品进行通俗性改写成了普遍现象。17世纪是中亚手抄书的繁荣时期，图书馆在大量制作手抄书，布哈拉宫廷图书馆仍在为手抄书创作插图。这一时期的插图中除了人物面部、服饰描绘和线条简洁明快、色调丰富等方面仍保留着布哈拉绘画的传统外，在某些方面受到了印度（莫卧儿王朝）画的影响，这一点在风景和象征画法上反映出来。到18世纪二三十年代，布哈拉城制作的附有细密画插图的书籍减少，再往后，布哈拉的书市完全被克什米尔进口的插图手抄书占领。

阿布尔·费兹在布哈拉城三十多年的统治给城市增加了不少建筑，其中，拉比豪兹建筑群被认为是这一时期完成的。波罗豪兹建筑群建在阿尔卡禁城往西的正对面，它由水池、礼拜五清真寺和光塔组成，它是保存完好的中世纪遗迹。据说，星期五清真寺是当时统治者的专用清真寺，建于1718年。

值得一提的是这一时期发展起来的史学，美国一位学者曾经指出："每个国家都要依靠艺术家和知识分子去塑造民族历史的形象，去叙说民族过去的故事。"河中地区有着写作史学的传统。早在10至11世纪，出生于阿姆河三角洲的阿布·热依罕·比鲁尼（973—1048）就写了《古代遗迹》（又名《东方民族编年史》）一书，该书叙述了粟特人、花剌子模人、波斯人、希腊人、犹太人的历史、地理、文化及宗教，着重讨论了古代各族的历法和纪元，他在该书的序言中说："智慧只有在完全不受传统、政治影响，以及主观意志不受束缚时才能得到发挥。"继承史学的传统，布哈拉城的史家们在叙说乌兹别克民族的历史时留下了大批著作，其中《奥贝都拉史》和《阿布尔·费兹汗史》是札尼王朝时期重要的历史著作。《奥贝都拉史》的作者密尔·穆罕默德·阿明·布哈里生活在奥贝都拉在位时期，他记载了18世纪初札尼王朝的政治事件，描述了当时中亚的分裂割据状况，记录了布哈拉宫廷的倾轧与恣意妄为，记录了布哈拉城统治者倒行逆施对国家经济和政治生活的灾难，以及军事征伐给人民带来的沉重负担。《阿布尔·费兹汗史》一书记录了奥贝都拉时期布哈拉城的经济困窘状况、奥贝都拉被杀的情况，以及撒马尔罕城建立独立政权（1722—1731）的经过。

阿布尔·费兹在位期间完成的《列王世系》和《克普恰克汗史》两部史书记录了当时布哈拉城的情况。《列王世系》的作者哈吉米尔·穆罕默德·萨利姆从苏布罕·库里时期就一直生活在布哈拉城，奥贝都拉被杀后，他先去了伊斯法罕，以后又去了印度，为莫卧儿帝国纳绥尔·丁·穆罕默德沙效力，并写了此书。该书第三、四章记述了昔班尼王朝和札尼王朝的历

阿布·阿吉斯清真寺正面

史。《克普恰克汗史》的作者霍贾姆库里别克在布哈拉城生活，他的父亲在苏布罕·库里宫中任职。《克普恰克汗史》是通史性著作，从创世一直写到1722年；其中，第五编的最后两章记录了昔班尼王朝最初几位汗统治时期的河中地区和巴尔赫的政治形势，谈到了阿布杜拉与其子相互仇恨的原因，以及阿布杜拉执政最后几年的布哈拉形势。

第七章

苍茫暮色

1758年，曼吉特王朝第二任统治者丹尼雅尔为了平息布哈拉城的愤怒不敢称汗，低调地以埃米尔（王）自称，因此，曼吉特王朝又被称为布哈拉埃米尔国。布哈拉埃米尔国是中亚的最后一个封建政权，它经历了七位埃米尔的统治。在此期间，世界历史风云突起、瞬息万变，而布哈拉城目睹的却是汗的登基典礼、宗教狂热和血腥统治等一幅幅不合时宜的历史画卷；当然，西方列强争夺殖民地的浪潮也将英俄博弈、俄国征服的强烈气流吹到了布哈拉城。岁月悠悠，布哈拉城的辉煌一晃就过去了；1868年，她接受了俄国的保护，1920年，她的城头上扬起了苏维埃的红旗。

不合时宜的埃米尔们

前面已经提到,成吉思汗子孙统治中亚七百年的这种说法是不准确的,其中,除了帖木儿时期的一百多年外,曼吉特王朝统治的170余年(1748—1920)也应该排除。在札尼家族取代昔班尼家族的变更中,政权没有离开成吉思汗家族;而在曼吉特王朝取代札尼王朝的变更中,成吉思汗家族丧失了统治权,尽管史书将昔班尼王朝、札尼王朝和曼吉特王朝统称为布哈拉汗国,但曼吉特王朝并非成吉思汗后裔建立的政权。

曼吉特王室出自蒙古曼吉特部(中国史书中的忙兀惕部)。13世纪初,曼吉特部民随成吉思汗西征来到钦察草原,此后的几百年,他们一直在乌拉尔河与伏尔加河流域以游牧为生;15世纪,他们曾在乌拉尔山一带建立了游牧政权诺盖汗国(诺盖是汉语对曼吉特的另一种译法);16世纪初,一部分曼吉特部民追随昔班尼南下河中地区,在此开始了定居生活,以畜牧养殖、农业和手工业为生;在此期间,曼吉特部首领们参与了昔

第七章　苍茫暮色

班尼和札尼王朝的统治。18世纪中叶，曼吉特部酋长穆罕默德·哈辛姆出任札尼王朝宫廷侍长，掌握了王朝的实权，他的幼子穆罕默德·拉希姆在王朝军队中供职。1743年，反哈辛姆家族专权的全国性起义爆发，起义者在红玫瑰节这天拥入布哈拉城。穆罕默德·拉希姆率军镇压，起义者退往塔什干。1747年7月9日，穆罕默德·拉希姆在布哈拉召开会议，罢免了阿布尔·费兹，扶持阿布尔·费兹12岁的儿子阿布穆明继位；一年以后，他又把幼主扔进"遗忘之井"，自己掌握了布哈拉政权。

史书描绘的拉希姆"英勇无畏，敢冲敢闯"，这一描绘是恰如其分的。拉希姆丝毫不顾及血缘因素，也不屑于冒充成吉思汗家族成员，他不仅在布哈拉城称汗，而且大张旗鼓地举行了汗的登基典礼。典礼全过程被《汗的礼品》一书记载下来："回历1170年3月23日（1756年12月16日）星期一，仆人们在典礼大厅铺上地毯，摆上宝座；在星相家确定的时辰，由宫廷霍加、贴身仆人、侍卫将蒙着双眼的穆罕默德·拉希姆领进大厅，让他坐在一块白毡子上，两头由四个主要部族的代表拉着，而毡子各边由四姓代表及武官中推举的几个人拉着。随后把新汗放到宝座上，于是宴会和赠礼开始。凡是穆斯林神职人员的代表在星期一和星期三都要去朝拜新汗，只有到星期五发表呼图白时才提穆罕默德·拉希姆的名字。汗国所有主要城市和村镇都要铸造有他名字的钱币。"

当布哈拉城正在复制13世纪蒙古大汗的登基模式之时，1758年，战争的阴霾笼罩着欧洲大陆，英法两国为争夺殖民地在进行着七年战争，英国首相丘吉尔曾说：七年战争是真正的第一次世界大战，而远离欧洲的布哈拉政权对此一无所知；1758年，俄国沙皇彼得大帝正在黑海一带寻找出海口，不久，与乌兹别克人有着血缘关系的克里米亚汗国灭亡，末代汗被送至罗德岛斩首不久，按理说，离布哈拉城不远的、亚洲北部的草原游牧汗国灭亡这一事件，曼吉克人不会不知道，但布哈拉埃米尔没有流露兔死狐悲之感，更没有表现出即将面临危机的担忧。

穆罕默德·拉希姆的篡位激起了中亚各地统治者的反对，这些起义都被带兵出生的拉希姆一一镇压。1758年3月24日，穆罕默德·拉希姆去世，他的叔叔丹尼雅尔继承王位。为了平息反曼吉特人的情绪，丹尼雅尔不以汗自称，而是取埃米尔（王）称号。然而，反曼吉特的起义并未因此而平息下来，1784年，丹尼雅尔在布哈拉城的起义中退位，他的儿子沙赫·穆拉德继承了王位（1785—1799）。

无论从近代还是中世纪来看，沙赫·穆拉德都是一位有作为的统治者。在他统治的十多年中，他以发展经济为主要目标，鼓励兴修水利，扩大耕地面积，促使一部分游牧民转向定居；改革税制，取消了与伊斯兰教法相违背的税种，废除对手工业者强行征收的劳动税；实行货币改革，发行了足值的金、银币。这些措施使曼吉特部在布哈拉的统治稳定下来，因此，有人将 1785 年视为曼吉特王朝的兴起之年。

沙赫·穆拉德在政治上也有一番作为。继位后，他废除了其父拥立的札尼家族的傀儡汗，处死了汗的首相和大法官。继位当年，他出兵呼罗珊，摧毁了素丹大坝，并在莫夫绿洲进行掠夺；在他的威慑下，巴尔赫及阿姆河以南一些地区以条约的形式承认了布哈拉埃米尔的宗主权。在这些战争中，他俘虏了不少波斯人，把他们作为奴隶在布哈拉城市场上出售。据说，当时布哈拉城奴隶之多，致使一个强壮奴隶才卖到几个银币。

1799 年，沙赫·穆拉德被谋杀，他的儿子海达尔·图拉在布哈拉城继位（1800—1826 年在位）。沙赫·穆拉德在布哈拉的统治促进了当时社会的进步，而他儿子的统治却使布哈拉社会回到了中世纪早期的状态。海达尔的统治以荒淫享乐著称，在他的后宫中，大约拥有一百名妇女。据他的同胞兄弟、地理学家穆罕默德·雅库比说，海达尔之所以出名是因为以下事实，即他的收入是其父收入的两倍，而他的支出是他自己收入的两倍。在入不敷出的情况下，海达尔加重剥削，导致了人们的贫困。1810 年至 1811 年间，布哈拉城经历了暖冬和春季干旱，饥荒导致了买卖儿童、虐待甚至杀死老人的事情。

除了荒淫，海达尔还热衷神学，宗教狂热之风在布哈拉城掀起了。有记载说"埃米尔海达尔热衷于学院神学知识，他本人认为自己是该知识领域内的专家，他开办了一个宗教学院，附属于雅克城堡的王室清真寺。他在学院中充当教师的角色"。海达尔死后六年，来到布哈拉的英国人亚历山大·伯恩斯说："海达尔时期的布哈拉是一个充满着宗教狂热和偏见的城市。他取信仰之统帅的称号，行使的是一位教士而非国王之职责。他为死者颂祷文，参加清真寺的辩论，管理服务机构，到学院讲课。"

在狂热思潮影响下，布哈拉城宗教上层的社会地位得到极大提升，布哈拉城的首席神学家、大法官等重要职位被赘巴依家族把持，据法国旅行家彼尔·德斯麦松记，在他访问布哈拉城时，担任布哈拉城首席神学家的是赘巴依家族成员依阐·速檀·哈纳姆和卓（卒于1835年）。除政治地位外，宗教上层人物还在布哈拉聚敛财富，经济雄厚。据说，出自赘巴依家族的伊斯拉木和卓拥有"庞大马群、羊群、骆驼群和大量可耕地；在他庭院中服役的奴仆多达三百人，为了管理账目，成立了专门的办事处"。赘巴依家族控制了布哈拉的对外贸易，其商务代理远至莫斯科。如今距布哈拉城不远的查尔·巴克尔墓地是赘巴依家族权力和经济实力的象征。

18世纪末至19世纪上半叶，当布哈拉城宗教上层正在享

第七章　苍茫暮色

受特权之时,沙皇俄国正在限制宗教贵族和神职人员的一些权力,如神职人员不再享有免受肉体惩处、免除劳役、免纳税和免服兵役的特权,这些规定在1869年以法律的形式确定下来。

海达尔于1826年10月6日病逝,他的儿子纳斯鲁拉在杀害了其兄弟、亲属之后,于1827年在布哈拉城继位(1827—1860年在位)。与其父海达尔一样,他的统治未能推动布哈拉的发展,相反,他的倒行逆施将布哈拉带回到黑暗的中世纪。

纳斯鲁拉为人残忍,屠杀无度,史称他为"屠夫埃米尔"。据说,他在全国各地派了特务、密探和秘密警察,这些人以监视宗教法的执行为借口,闯入民宅,以活人剥皮、火上烘烤、下油锅、高塔下抛等酷刑逼取财产,"埃米尔本人对犯人的审讯和治罪是随心所欲的,而且总是为他的金库着想,人们因为一点点小过失就可能被没收全部财产"。

为了实施残暴统治,他把一位具有西方军队科学知识的,曾在阿富汗埃米尔多斯特·穆罕默德手下效力的技师召到宫中,对布哈拉的旧军队进行改造,结果,一个配备火枪和炮的炮兵团组建起来。布哈拉的军队改造是唯一具有时代特征的事,三十多年后,这支军队在泽拉布拉克高地挡住了沙俄骑兵,使布哈拉城躲过了战争的蹂躏。

纳斯鲁拉于1860年去世,他的独生子穆札法尔继承了王位。他在位期间(1860—1885),英俄两国在中亚的争夺激烈起来，穆扎法尔采取了恐吓、和谈、抵抗等方式对待这场争夺殖民地的竞争，最终，布哈拉政权接受了沙皇俄国的保护。在俄国的保护下，穆扎法尔过了一段舒心的日子，俄国人帮助他收复了不少分裂出去的领土，还帮助他镇压了他儿子发起的争夺汗位的斗争。继穆札法尔之后登上布哈拉王位的是其子阿布·阿哈德（1885—1910年在位）和赛义德·阿利姆（1910—1920年在位），他们在沙皇俄国的保护下实施统治，毫无建树。赛义德·阿利姆曾走出国门去俄国留学，然而，除了在建筑上可以看到西方的影响外，这一经历没有给布哈拉城带来如俄国彼得到欧洲留学那样的扭转国运的结果。

在埃米尔统治的一百多年中，布哈拉城扩大了。1832年访问布哈拉的英国人伯恩斯认为布哈拉城"与古代相比，近代布哈拉可能还是要较大些"。据他估计，当时布哈拉城大约有15万居民，有366所大小学院，还有一个汇集着各国商人的庞大市场。除此而外，布哈拉城所经历的变化几乎都是朝着时代潮流相反的方向在走。

大博弈中的明争暗斗

1500年以前，人类已经发生了不同程度的交往，但基本上还处于地区隔绝的状态；1500年前后，西方进行了海外探险和扩张，逐渐打破了地区隔绝的状况。16世纪，人类开始了全球范围的联系，争夺殖民地的战争也随之开始；18世纪，争夺殖民地的竞赛从沿海深入内陆；19世纪上半叶，有狮子王之称的大英帝国从英属印度殖民地北上，有北极熊之称的沙皇俄国将它的要塞线从哈萨克草原往南推进，中亚成为两国博弈的碰撞地带。

"大博弈"如今成为一个专门术语，指19世纪至20世纪英国和俄国在欧亚内陆的竞争。在19世纪的开启之年（1801），英俄争夺地盘的战争从黑海向东转移，北极熊来到了格鲁吉亚。1810年，俄国驻格鲁吉亚的军司令官向沙皇报告说，英国驻德黑兰公使提出在阿斯特拉巴德和里海南岸建据点的要求，目的是为建造军舰选择地点；19世纪30年代，英国又提出要

知识的源泉——布哈拉

在里海港口开设领事馆。这些要求太过分了,它们令俄国沙皇保罗坐卧不安,他想到了拉拢法国,共同抗英,经由里海、阿斯特拉巴德、赫拉特和坎大哈,进攻英属印度;这一计划没有得到法国的响应,而保罗的去世导致了他想单方面干的愿望也没法实现了。尽管如此,北极熊不可能眼睁睁地看着这只大狮子在波斯地面上横行霸道!得想想其他办法。

1837 年至 1838 年,北极熊以种种许诺怂恿波斯国王攻打英国防卫印度殖民地的前沿阵地阿富汗,波斯军队前往阿富汗西部城市赫拉特,在长达 9 个月的围攻中,波斯军队始终没有大的进展,而俄国的种种许诺也没有兑现。士气低落的波斯军队只好撤军,俄国利用波斯对英施加影响的第一次尝试失败了。与此相反,英国却在外交和武力上都获得了成功;他们成功地搞垮了波斯与俄国的联盟,把北极熊的新朋友阿富汗国王多斯特·穆罕默德从王位上拉了下来,最大的成功是狮子王占领了阿富汗都城喀布尔。这些惊人的消息再次激发了北极熊动用武力的想法,沙皇

英俄博弈(1911 年的一幅漫画),熊、狮、猫分别代表俄、英、波斯

第七章　苍茫暮色

尼古拉一世说："英国人的这些阴谋诡计迫使我们加速进行远征。"1839年秋,彼罗夫斯基将军率领俄国远征军南下,目标是拿下中亚的希瓦城,继而进入布哈拉城,以此为基地南进阿富汗。武力入侵的借口不难寻找,希瓦人仰仗沙漠的庇护一直不老实,曾经使用各个击破的计谋消灭了一支规模不小的俄国使团,况且前不久他们还支持过哈萨克人的反俄斗争!然而,这次远征因恶劣的天气半途而废;彼罗夫斯基被召回莫斯科,沙皇陛下对他说："在经受了草原的严寒和暴风雪之后,不妨到意大利去晒晒太阳。"

远征虽不成功,却刺激了狮子王。狮子王没有动怒,但在他的绅士风度中暗藏玄机。在俄国远征失败的当年,英国驻赫拉特城的代表托德写信给希瓦汗说："你与我们联合吧,我们共同来抵抗俄国的入侵。"这一建议立即得到了回应。1840年春,英使者艾博特来到希瓦城,他劝希瓦汗与俄国和谈,向俄国示好;这番劝说似乎与英国利益背道而驰。在"共同抵抗俄国入侵"的出访中,艾博特没有带来支票,没有运来武器,没有出动军队,就说了这么几句话。不过,这几句弦外有音的话在一段时间内让北极熊失去了继续进攻希瓦的借口。当然,布哈拉城也暂时无忧。

接下来的行动证明,希瓦汗听从了艾博特的建议。1840年夏,希瓦汗阿拉库里发布敕令："自发布之日(回历1256年夏季主麻底勒万月）起，任何人均不得侵袭俄国领地并购买俄国俘虏。如有违抗本崇高敕令，侵犯俄国领土或购买一名俄国俘虏者，定触朕怒，致受应得之罪。"1842年，希瓦汗的使团带着400余名俄国奴隶前往奥伦堡，与奥伦堡当局签订了和平条约，奥伦堡方面释放了1836年拘留在俄国的希瓦商人，让他们带着货物回家，据说，其中大部分人还领到了俄国政府发放的补助金。通过和平手段，俄国正式向希瓦汗国派遣了临时代办。在初期的博弈中，希瓦城是英俄双方争取的战略要地；交织着英俄恩怨情仇的戏剧还未在布哈拉城上演，但作为中亚统治中心的布哈拉城早已是暗流涌动、探子密布，发生着没有硝烟的流血战争。

从18世纪中叶以来，担负着搜集军事政治情报的俄国人陆续来到布哈拉城，他们以商人、工程师的身份在布哈拉城活动。1752年来到布哈拉的尼古拉·格里戈利耶夫在此经商十多年，回国后写了有关布哈拉城的报道；1774年来到布哈拉的俄国军官菲利普·也夫列莫夫在布哈拉军中服役，数年后逃走，取道喀什噶尔、叶儿羌、拉达克、克什米尔，经印度回国，1786年，他在彼得堡以回忆录的形式刊发了布哈拉城的资料；1794年，俄国矿业官员提摩色伯尔纳硕夫与伯尔诺西可夫来到布哈拉，次年回国，他们的回忆录发表在1818年的《西伯利亚通讯》上；1820年，五等文官涅格里率领的俄国使团来到布哈拉城,他们中有530名哥萨克人,带着几百峰骆驼的货物,他们是来与布哈拉埃米尔国签订贸易条约的。

就在俄国与希瓦关系缓和期间,1841至1842年,以俄国矿业工程师布捷涅夫为首的代表团来到布哈拉,他们是应埃米尔纳斯鲁拉之邀前来布哈拉寻找金矿的;然而,金矿没有找到,他们收集的资料"令俄政府欣喜若狂":资料十分全面,包括布哈拉埃米尔国的生产状况、居民的日常生活,以及动植物分布,等等。

当俄国人在布哈拉城进行情报活动之时,英国人也没有闲着,他们的主要活动是勘查经印度到布哈拉的路线。1825年,英特使莫尔克诺夫特和特里伯克前往布哈拉城,他们在抵达阿富汗北部就莫名其妙地死了;此后(19世纪30年代),据俄外交档案披露,英军事教官已进入布哈拉埃米尔的军队,帮助他们掌握现代军事技术。1830年,在呈给英政府的一份报告中,英属印度当局详细列举了布哈拉埃米尔国所需货物的列表,表上列有宽幅优质布、印花布和其他棉制品、铸铁壶、玻璃瓶、玻璃镜子、茶叶、靛蓝、糖和纸,以及剪刀、剃刀和削笔刀,等等。英国人认为,包括铁、钢、铜和锡等一切商品,英国和英属印度都能够以有竞争力的价格提供。从英国运一吨铁到中亚的运费远远低于俄国人"雇一匹骆驼从奥伦堡到布哈拉的花费";布哈拉人需求量最大的茶叶也可以从英属孟买发

知识的源泉——布哈拉

出,并且可以与布哈拉市场上的喀什噶尔茶叶竞争。1831 年至 1833 年,英国人亚历山大·伯恩斯从信德逆印度河而上,经喀布尔来到布哈拉城。他打探到的情况是:英国货物在布哈拉很受欢迎,印花布的销售利润高达 50%;中亚对印度货物的需求量很大,它们包括达卡的平纹细布、贝拿勒斯的织锦(每年进口 500 匹)、专门用来做穆斯林头巾的旁遮普白布、印度的粗沙糖,特别是印度的靛蓝,需要量为"年平均 500 骆驼驮"(约 47000 公斤)。

英国的这些活动引起了俄国工商界的恐慌。涅鲍尔辛在他的《俄国同中亚贸易概论》一书中提到了英国为争夺贸易市场采取的措施,他说:"英国人为了破坏俄国商品的销售,在 1841 年,尤其是 1842 年将自己大量的制成品运到布哈拉,并按照低价出售(显然是赔本的),结果,所有的人都去买这些新东西,不去注意我们的印花布、细棉布和呢绒了。英国人用这样的方法把我们的商人赶走之后,过了一年或者两年,一下子就把自己的商品提价两倍多。"1848 年,杂志《北方的蜜蜂》刊登了俄国商人比丘金的一篇短评,短评说:"英国人不惜工本……接近中亚,在这个市场上我们经常遇到英国货。"据俄国工商界报道:"现在,1852 年,俄国商品在整个中亚,无论是在浩罕或是塔什干、布哈拉,价格已降到了这样的极限,以至于与过去的价格相比最好的商品每个卢布只卖得 80 戈比,而

第七章 苍茫暮色

且多半是赊销，完全没有现金买卖，很多人认为一个较大的原因是今年英国的纺织品异常多地输出到中亚各个省份；更何况他们的经纪人 —— 波斯人、希尔凡人和阿富汗人赊购时间长达 12 至 18 个月，尽管他们的印花纺织品和细竹布质量非常差，染料掉色，但是印花布的图案却合乎亚洲的口味，因此，我们跟这个地区的贸易变得对我们是无利可图了。"

英俄双方在布哈拉城的上述活动引起了埃米尔纳斯鲁拉的极大不满，最终发生了英国作家《大博弈》书中描述的一幕。1842 年 6 月 24 日（据俄将军捷连季耶夫记是 6 月 17 日）的早晨，在布哈拉雅克城堡王宫外的广场上，两个英国军人被押到这里执行死刑。汗王站在高高的城门上，高傲地看着两个已经失去了风度的英国军人 —— 查尔斯·斯托达特上校和亚瑟·康诺利将军被处死。

有人说，在埃米尔纳斯鲁拉眼中，英国不过是西方的一个小国家，而英国使者来觐见他，竟然是骑着马来到雅克城堡的，这种大不敬的人该杀；有人说，他们两人是东印度公司派往布哈拉刺探情报的密探，纳斯鲁赫最痛恨别人打探本国的情报，于是要处死他们；有人说，他们到布哈拉是为了争取英国与埃米尔联盟，以阻止俄国继续南下，埃米尔为了讨好俄国而把他们当众斩首。

为免一死，两个英国人做过努力，据说斯托达特还改信了伊斯兰教，指望借此救自己一命。其实，生的希望还是有的。赫顿的书引用了一位将军的话说，如果斯托达特同布捷列夫等俄国外使住在一起，是可以救自己命的，但他过于高傲，不愿意让俄国人来保护自己的生命；捷连季耶夫断定，假如当时他们从城外搬到俄国使团的住处，他们是可以得救的，而且可以同俄国人一起前往奥伦城堡，但是，他们认为请求俄国外交官的庇护有失英国的民族尊严，有失大不列颠代表的体面。然而，杀人未能阻止英俄密探们在布哈拉城的活动。

最终，俄国通过武力将布哈拉政权纳入自己的保护圈。这一地位的确立使大博弈的结果逐渐明显，北极熊在博弈中占据了绝对优势。在俄国的保护下，布哈拉城周围的棉花种植得到了更大的推动，成为主要的农业经济产业，也是大宗出口产品，而布哈拉城周围村镇兴盛了一千多年的纺织业却开始走下坡路。

1872年春，俄国派出财政部人员彼特罗夫斯基前往布哈拉，据说，他的主要任务是弄清布哈拉市场在多大程度上受俄国操纵以及抵制英国货物进入布哈拉市场的时机是否成熟。彼特罗夫斯基考察结果是："现在可以有把握地说，俄国商品在这里的买卖占头等地位，随时随地都可以看到布哈拉对马卡里伊（下戈罗德斯克集市）的需要，布哈拉真正地从上到下充塞着俄国的棉纺织品……依我看来，俄国的棉制品至少比英国的多出六倍左右。我在市场上看到索科洛夫、博戈马佐夫、伊斯托明、穆拉维耶夫、科尔尼洛夫、乌鲁索夫、巴拉诺夫、博里索夫、明多夫斯基、福金和济津等工厂的商标。"可以说，俄国商品已经主宰了布哈拉市场。同年，一个俄国财务官员写道，布哈拉人从头到脚完完全全都是俄国的棉制品。在这场争夺市场的博弈中，北极熊赢了！

大博弈中的武力征服

当争夺销售市场的博弈还在布哈拉进行之时，武力征服也拉开了帷幕，布哈拉在世界历史汹涌的浪涛中与命运抗争，经历了一场变革世界政治结构的搏斗。

开辟一条前往英属印度的通路是从沙皇彼得大帝时代就定下来的国策，这一国策得到了俄国军人的拥护，中亚是他们实现梦想的场所，在此建立功勋的俄国军人不在少数。19世纪下半叶，曼吉特王朝支离破碎的国土成为沙俄的猎物，位于这条路上的布哈拉城阻挡不了俄国军人的脚步；当然，企图阻止俄国步伐的还有英国人，他们寄希望于当地汗国，但他们的如意算盘没有实现。

1865年，俄军占领了塔什干。当时塔什干是浩罕汗国的领土，是浩罕军1809年夺取的布哈拉埃米尔国城市。塔什干城沦陷以后，布哈拉埃米尔穆扎法尔以通牒形式要求沙俄从塔什干撤军，并威胁说，倘若不然就武力夺取。这一通牒不过是恐

第七章 苍茫暮色

吓，没有实力的恐吓只会坏事，俄方立即回应说："任何占领浩罕领土的行为都是对俄国的敌对行为，它们必将导致俄国限制布哈拉人在俄国的贸易。"随即，俄军官切尔尼耶夫逮捕了在塔什干的布哈拉商人，没收了他们的货物，甚至呼吁奥伦堡总督响应。

打击布哈拉商人的行动在俄国工商界引起了强烈反对。俄国工商界认为，限制行为将使俄国商品失去布哈拉商人这一大买主，而且还会导致俄纺织工厂因失去布哈拉的棉花来源而停产。在工商界的压力下，俄财政大臣就执行惩罚手段后两国之间的贸易情况做了调查，调查结果不得而知，不过，当年10月，俄国就取消了对布哈拉商人的种种限制。

在征服塔什干期间，切尔尼耶夫曾派由斯特鲁维率领的使团到布哈拉，希望与埃米尔达成协议，阻止欧洲国家在中亚的活动。不料，穆扎法尔却将使团成员扣留。征服塔什干以后，1866年1月，切尔尼耶夫以解放使团成员为由，对布哈拉埃米尔国的商业中心吉扎克城发起攻击。在此危急之时，穆扎法尔派宣传员到各大集市进行反俄宣传，鼓动穆斯林团结起来把俄国入侵者赶回西伯利亚草原。是年2月，俄军攻打吉扎克的战争失败，4月，奥伦堡总督在给俄陆军部的信中谈到，在攻打布哈拉城之前，必须首先攻占忽毡、乌拉秋别和吉扎克，以切断布哈拉与浩罕汗国之间的联系。此后，俄军队开始在吉扎克附近惹是生非，寻找机会；有言道，机会总是留给有准备的人，就在当年，以上城市被俄军攻占。

战败后，穆扎法尔启用了和谈这一招。为了表示诚意，他释放了扣留在布哈拉城的斯特鲁维使团成员。俄方的议和条件是：允许俄国在布哈拉驻扎一名贸易代表，以保护俄国商人的利益；俄国臣民可以在布哈拉埃米尔国的任何一个城镇建商队客栈；埃米尔必须永远不再干涉浩罕汗国事务；布哈拉埃米尔国应向俄国政府缴纳10万提拉的战争赔款。除了战争赔款外，穆扎法尔全部接受了，赔款数字如此巨大，布哈拉政权根本无法支付。

对于俄国来说，和谈只是一个幌子。在赔款限定日期还未到之时，俄军已于1868年1月发动了对撒马尔罕城的攻势。撒马尔罕城民表示，他们将带着妻儿老小去抵抗俄国人，直至战斗到最后一人；撒马尔罕城工商阶层权衡利益的结果，希望和平解决。然而，这只是他们的一厢情愿。1868年5月12日，布哈拉和希瓦汗国联军在撒马尔罕城附近迎击俄国侵略军。在此紧要关头，布哈拉埃米尔的全权代表习拉里亦剌克临阵逃亡，士兵们不战而退，战争的失利激化了撒马尔罕城主战派与主和派之间的矛盾，两派的矛盾又引发了以伯克和宗教界人士为一方，以城市贫民和商界代表为另一方的武装冲突。在冲突中，5月13日，俄军不发一弹地进入了这座中亚名城。唇亡齿寒，布哈拉城已处在风雨飘摇之中，岌岌可危。

1868 年布哈拉之战

5月17日，俄军占领了通往布哈拉城的最后一个大城市卡塔库尔干。6月3日，考夫曼率领步、骑兵2000多人，带着20多门炮西进，来到卡塔库尔干预布哈拉之间的泽拉布拉克高地。穆扎法尔已经在此等候迎敌，他的军队有15000骑兵，6000多名步兵，14门轻型火炮。从兵力来看，穆扎法尔占优势，但以少胜多的事件又在此重演，埃米尔遭到了失败，死伤过半，他本人带着一支小卫队躲在克里米涅。布哈拉城就在眼前，进入布哈拉城是顺理成章的事情，然而，天有不测风云，撒马尔罕城爆发反俄起义的消息传来，俄军统帅考夫曼领着他的人马朝布哈拉城相反的方向奔去。

起义很快被平息，考夫曼进行了疯狂的报复。撒马尔罕城

知识的源泉——布哈拉

遭到三天的烧杀抢掠,连老人和儿童也未能幸免,著名的大巴扎(市场)和清真寺被焚毁。在此白色恐怖中,穆扎法尔放弃了抵抗,很快与俄国签订了合约。和约中有一条规定,撒马尔罕城作为战争赔款的抵押物暂时归入俄国版图;布哈拉姊妹城撒马尔罕的丧失成了布哈拉人刻骨铭心的痛。

布哈拉城免除了战火的蹂躏,如何处置在布哈拉的政权在俄国引起了争论。有人认为应该把它纳入俄国版图,在此建一个总督区;有人认为保留埃米尔政权更为有利。经过长时间的精密计算,1882年6月24日,沙皇政府宣布——保留布哈拉埃米尔国。俄政府认为,这样处理可以花很少的钱得到很大的利益。此后,俄政府在布哈拉城设立了政治代办处,俄方政治代表驻布哈拉城;布哈拉埃米尔国的政治代表驻在已经成为俄国领土的塔什干城。

穆扎法尔与俄国签订的卖国条约引起了布哈拉人民的强烈反对,他们聚集在布哈拉城以南的卡尔施城,拥立穆扎法尔长子卡蒂丘里亚为汗;对此,俄方采取了镇压。俄政府认为:不受人爱戴的、没有威望的、昏庸无能的穆扎法尔在任何情况下都比有毅力、有威望的宗教狂卡蒂丘里亚更便于掌握。此外,按亚洲人的观念,现任统治者签订的各种条约,对其继承人来说是没有约束力的。俄国不仅出兵镇压了卡蒂丘里亚倡导的夺权;而且还出兵帮助穆扎法尔收拾了国内的割据政权。到这时

第七章 苍茫暮色

候,穆扎法尔才意识到接受俄国保护是多么美好,太让人省心了!于是,穆扎法尔于1889年和1893年又与俄国签订了俄方政治代表在布哈拉享有司法权的条约。

对俄国的保护,布哈拉市民十分反感,抵触态度和破坏行为随处可见。1870年,布哈拉发生干旱,粮食歉收,引发饥荒。布哈拉人认为,俄国人对此难脱干系,他们在撒马尔罕城操纵泽拉夫尚河水,不给下游的布哈拉城放水。在俄国使者诺索维奇出访布哈拉城前夕,一位布哈拉城官员惶恐不安地对他说:"但愿你们不要到处乱逛,你们是客人,我们希望不要发生任何不愉快的事……这里有很多特别难以管束的流氓,没有木棍、监狱和打手是管不住他们的。"这次陪同诺索维奇出访的有50名哥萨克组成的护卫队。

对于俄国的保护,布哈拉宗教界反对激烈。俄国保护之初,对布哈拉人的宗教信仰采取不干涉的态度,俄国军界对此很不满。俄将军捷连季耶夫说:"如果有某个俄国人打算发表公开演说,首先得呈交提纲,请求批准。可是,任何一个闲散的毛拉、依禅或者随便一个说书讲故事的人,都可以满不在乎地往大庭广众中一站,就开始高谈阔论起来。"为了改变这种状况,19世纪80年代以后,沙俄政府在中亚创办俄语学校,培养接受俄国文化影响的知识分子;由清真寺和经学院控制教育的模式在布哈拉城被打破了。俄语学校教授的内容也不再是伊斯兰文化，布哈拉城伊斯兰文化中心的地位也从制度上被否定了。

1885年，穆扎法尔的两个儿子阿布·阿哈德和赛义德·阿利姆先后继承了王位。在他们统治时期，布哈拉城经历了从封建走向近代的痛苦过渡。20世纪初，布哈拉的知识界成立了"神圣布哈拉联盟"，传播改革和自由主义思想。在联盟周围很快形成了许多小团体，其中最活跃的是"青年教育社"。为了推动布哈拉城从封建走向近代，"青年教育社"组织布哈拉城青年到俄国、土耳其等国留学，这些人学成归国以后成为反对沙俄的中坚力量。

1917年，布哈拉城的民族资产阶级代表在"神圣布哈拉联盟"的基础上成立了"青年布哈拉党"，该党在国内进行资产阶级性质的立宪改革。在他们的推动下，阿利姆于1917年3月发表宣言，要把布哈拉埃米尔国改造为一个拥有议会的君主立宪制国家。一个月以后，在意识到苏俄政府穷于应付国外反苏维埃势力而无暇顾及布哈拉之时，阿利姆废止了他的改革。

1918年2月28日，塔什干的苏维埃人民委员会主席柯列索夫来到布哈拉城，拜访了阿利姆，提出政治改革的要求，遭到了埃米尔的拒绝。3月2日，塔什干的苏维埃军队向布哈拉城发起攻击，击溃布哈拉城守军以后，这支军队在城内大肆抢劫。在此关头，愤怒的布哈拉城民转而支持原来不太得人心的

第七章 苍茫暮色

埃米尔,赶走了塔什干军队,杀了在布哈拉城的数百俄国人;布哈拉城成了反苏维埃势力的堡垒,反抗人数一度达到了5万至6万,枪支弹药和财政支持通过阿富汗和伊朗由英国政府提供。红军把目标对准了布哈拉城,此后的时局如决堤洪流,一泻千里。

1920年,以伏龙芝为首的俄国人被派往布哈拉城。伏龙芝连续汇报了她的情况:"布哈拉的局势并不妙,这里正在加紧备战,实施动员,借助阿富汗储存武器装备(1920年3月24日);谈到布哈拉,我认为我们的军事形势从这方面受到的威胁要大得多,因此,必须严加戒备(4月14日)。"到8月,布哈拉埃米尔的正规部队有1.6万多名步兵和骑兵及23门大炮,非正规部队(民团)拥有2.7万名步兵和骑兵及32门大炮。这些兵力比伏龙芝的红军强大。

8月29日,伏龙芝率领的红军兵临布哈拉城,9月2日,红军攻占了布哈拉城堡,城堡的大部分在炮火中被摧毁,它的使命倏然结束。就在占领城堡的当天,伏龙芝致电列宁说:"旧布哈拉城堡今天已被占领,布哈拉黑暗势力和黑帮活动的

亚瑟·康诺利

最后一座堡垒垮台了。"埃米尔阿利姆逃到汗国东部的山区躲藏，1921年2月，越过阿富汗边境来到喀布尔城，在此以流亡者身份为重建布哈拉政权四处奔走，直到1944年去世，被葬在喀布尔郊区的公墓中。

占领布哈拉城后，红军在此组建了布哈拉革命委员会。1920年10月6日至8日，第一次布哈拉人民代表大会在布哈拉城召开，大会宣布取消布哈拉埃米尔国，以布哈拉城为都成立布哈拉苏维埃人民共和国；布哈拉成了红色政权的都城。1925年2月17日，苏维埃代表大会通过了《建立乌兹别克苏维埃社会主义共和国宣言》，共和国以撒马尔罕城为都，1930年迁都塔什干。布哈拉城丧失了自1630年以来确立的首都地位。

被列为联合国非物质文化遗产的 Suzani 刺绣

第八章

凝重从容

如今，把整体切分成部分予以研究的分析方式被视为科学方法，在前面的几章中，本书按此方法，以点、线、面的形式对布哈拉城的历史、传说、趣闻，以及文学、史学、艺术和建筑进行了描述；然而，要使人们对布哈拉城有一个浑然一体的印象，把点、线、面变成三维的立体，这是本章的任务。

纵浪大化中的不喜不惧

作为政治中心的布哈拉城像一只小船在纵浪大化中沉浮，不喜亦不惧。布哈拉城是在阿拉伯帝国统治时期获得中亚政权统治中心——首都地位的，这是萨曼王朝伊斯迈尔赋予的。伊斯迈尔在布哈拉的统治让布哈拉城不仅成了中亚地区的统治中心，与阿拉伯帝国有着千丝万缕联系的萨曼家族一度承担了阿拉伯帝国呼罗珊总督一职，于是，都城布哈拉就成了统治阿姆河以西及以南地区的首都。史书强调说："在伊斯迈尔之前，没有一个呼罗珊总督在布哈拉城居住过。"

伊斯迈尔不仅是布哈拉的城墙，他还改变了布哈拉城的面貌。在伊斯迈尔来到布哈拉前，据说，布哈拉街道两边的房子上层向前突出，与对街的房屋几乎可以相碰，污水随意往下倾倒。一位名叫阿布·塔依布的塔希尔王室成员曾经在一首诗中嘲讽说："如果把布哈拉（Bukhārā）的 B 和第一个元音 u 去掉，它就是一堆粪便（khārā），居民好像笼中永不获释的囚鸟！"

第八章 凝重从容

伊斯迈尔初到布哈拉城之时的印象是"内城混乱污秽，郊区的清洁且令人愉悦，致使我将它与一个内心腐烂却外表光鲜的人相提并论。"在他的治理下，布哈拉城发生了很大的变化。布哈拉城成为萨曼王朝的都城以后，历任萨曼王在此大兴土木，建造宏伟、富丽的宫殿。外城墙建立以后，布哈拉城的规模基本固定下来。此时的布哈拉城，街道很宽阔，路面用石铺砌。据说，伊斯迈尔拆除了布哈拉通往花剌子模道路上距离布哈拉城有25公里的瓦拉赫沙村原有一宫殿建筑，宫殿原来的木料运往布哈拉城，10世纪的布哈拉城有半径为6.24公里的规模，城周围有许多宫殿和花园。

伊斯迈尔认为他居住在布哈拉是幸运的，除了布哈拉，他觉得任何地方都不能令人满意。无论走到哪里，他总是说"我的城市——布哈拉如何如何……"布哈拉城第一次成为中亚政权首都的时间并不长，仅仅一百多年。在这一百年中，伊斯迈尔为其家族修建的陵墓如今成了布哈拉城最珍贵的早期遗迹，也是今天布哈拉人的骄傲。

萨曼王朝的灭亡使布哈拉城失去了首都地位，第二次荣登首都之位是五百年之后。15世纪末，乌兹别克人开始了席卷中亚的战争，16世纪30年代，布哈拉城在悄无声息之中又成了中亚政权的统治中心，在以后的三百年中承担了首都的重任。在此期间，历代政权为了发扬伊斯兰教在社会和政治生活中的作用，统治者花费大量金钱用于建造寺院、麻扎和学校，为此，接纳了从波斯逃亡到布哈拉城的大批宗教界人物，特别是苏非派教士，使伊斯兰逊尼派教义和伊斯兰的学术在布哈拉得到发展，使布哈拉成为培养阿訇的基地，统治者与苏非教团的密切关系，方便了苏非教团的布道传教活动，使伊斯兰教在此完成了地方化和民族化，有利于苏非神秘主义教团在中亚草原的传播。

1925年，布哈拉城在一次决定中亚格局的会议中丧失了首都地位。其实，早在18世纪上半叶，布哈拉城的都城地位实际上已经大打折扣，可以说，只是布哈拉城及其附近的村镇的首府。在阿布尔·费兹统治期间（1711—1747），布哈拉汗国的地方政权纷纷独立，撒马尔罕城建立了独立政权；费尔干纳分裂出去形成了独立的浩罕汗国；塔什干时而由哈萨克汗治理，时而由准噶尔封建主治理，其中很大一部分被浩罕汗国纳为己有；巴尔赫和阿姆河以西的呼罗珊由地区封建主把持。随着布哈拉汗国权力的缩小，布哈拉汗国已经不是一个能够号令河中地区诸族，权力覆盖中亚各地的中央政权，已经不存在一个统一的、不可分离的和团结一致的汗国。

作为伊斯兰文化中心的布哈拉城也经历了鼎盛与衰落的命运。19世纪中叶以后，布哈拉城伊斯兰文化中心的地位由于沙俄政府创办的学校而不复存在。其实，伊斯兰文化中心地位的

第八章 凝重从容

丧失也不是沙俄统治时期的事。在此之前的几百年间,伊斯兰文化中心已经悄悄地从布哈拉城向西转移。

创建于975年的埃及爱资哈尔清真寺原来是一个传授什叶派教义的中心,12世纪后期法蒂玛王朝瓦解,它转而成了教授正统的逊尼派教义的中心,来自各地的著名教授、学者、文豪和著作家开始在此讲学,世界各地的穆斯林学子也纷至沓来,爱资哈尔清真寺正式更名为爱资哈尔大学。15世纪末期,近代海路的开辟不仅没有影响这所地中海南岸的大学,反而使它成了欧亚学者便利和向往的求学之地。然而,哥伦布横跨大西洋(1492)和达·伽马绕过好望角通往印度洋(1498)的人类壮举却预示着穿越中亚草原和沙漠的"丝绸之路",以及一直承担着东西方经济文化交流的中亚绿洲城市,即将受到冷落和经历被边缘化的命运。伊斯兰学术和文化中心西移的动向不可逆转,布哈拉城悄悄地淡出了伊斯兰学术和文化中心,开始向边缘走去。

文化中心的丧失让布哈拉在文学上失去了领先地位。世俗文化也发生了根本性转变。传统的布哈拉人热爱文学,波斯文学作品是一些布哈拉家庭必备的读物,如今有一个风趣的说法是:"布哈拉居民家里一定有两本书,一本是《总统文选》,一本是《鲁达基诗集》。"鲁达基受欢迎程度非同一般。除了鲁达基之外,曾经受布哈拉城追捧的还有以《王书》享誉世界的菲尔多西，以《鲁拜集》闻名于世的海亚姆，以《法尔哈德和希琳》在布哈拉城家喻户晓的纳瓦伊都很受布哈拉文学爱好者的欢迎。除了文学，艺术也曾在布哈拉城兴起，波斯细密画创作，使布哈拉与毗邻的赫拉特一起成为细密画创作中心。

到了近代，波斯语文学和艺术的黄金时代在布哈拉远去，到19世纪，布哈拉城的文学没有长足的发展，从俄国东方研究者的研究和官方于1908至1912年在突厥斯坦边区收集的阅读材料显示，除了翻译阿拉伯语和波斯语的宗教文学外，在平版印刷的突厥语出版物中，原创作品的形式主要是诗歌，内容几乎只涉及宗教和传说；到19世纪，布哈拉城的艺术水平没有提高。从这一时期的建筑、地毯编织、制陶、刺绣方面表现出来的工艺水平和原创性艺术没有突破性进展，在修缮和扩建以往建筑的同时，新的建筑沿袭着以往的老式样。

13世纪以后，伊斯兰文明几乎失去了发展科学的能力，整个伊斯兰世界的科学状况一直停滞不前。受此大环境的影响，到19世纪，布哈拉城的科学发展水平停滞不前。在10—11世纪，阿姆河流域曾经产生过比鲁尼、阿维森维等伟大科学家，其中比鲁尼在天文、数学、医学、物理等方面都走在了世界前沿，他写《占星术初步》（*al-Tafhīm li 'Avā'il Sinā'a al-Tanjīm*）研究了地球以地轴为轴心自转的理论，精确地测定了地球的经度和纬度，他的著作代表了世界天文学的最高成就。此后，被

第八章 凝重从容

史学家们称为"帖木儿文艺复兴时期"的14至15世纪,天文学的成就在中亚继续发扬光大。兀鲁伯于1428年投巨资在撒马尔罕城东北部建造的天文台是一个三层圆形建筑物,有40米大理石六分仪和水平度盘和巨型象限仪等精密的天文仪器等装置,天文台吸引了各地天文学家来此进行天文观测和研究。在他们的努力下,历时近30年测定了1000多颗恒星和方位,积累了关于恒星和行星运行的大量观测资料,并于1446年编成了《兀鲁伯新天文表》,它是16世纪以前精确度最高的天文表,概述了当时的天文学基础理论和1018颗星辰的方位,17世纪中叶,牛津大学教授格雷夫斯将它介绍到欧洲,成为东西方科学家研究星位的重要的参考材料。但18世纪以后,中亚科学止步不前,俄国人在俄罗斯、乌克兰和白俄罗斯成立了300多个科研机构,在中亚诸城也建造了这些科研机构的辅助点,即便如此,这些辅助机构的科研人员也大部分是俄罗斯人。

知识活动停滞不前,布哈拉城文化中心的地位开始丧失,有着悠久历史和辉煌成就的布哈拉城淡出了人们的视野,成为记忆中的童话世界。莎士比亚在评价自己的诗时,很有底气地说:"只要人们还活着,眼睛还能看,这诗便不会死去。"借用他的话,布哈拉城也有同样的底气:"只要人们还活着,眼睛还能看,童话般的布哈拉便不会死去。"

经济的衰落。尽管发生在15世纪末,但布哈拉城感受到它是在两百年以后。曾几何时，布哈拉的巴扎是布哈拉城的心脏和财政支柱。在辉煌的年代，巴扎里的货摊一家挨着一家，人声鼎沸，热闹非凡。从清晨到黄昏，数不清的骆驼和毛驴驮着高高的货物，穿过人群。从马鞍、皮毛，到烟草、香料，无所不有。穿着宽大长袍的布哈拉商人在他们的袖子里完成讨价还价。小伙计托着茶盘飞跑，烤肉的香气四处弥漫，铁匠的打铁声在圆顶之间回荡。今天，布哈拉的五座穹顶巴扎还保留着三座，然而它们都变成了萧条的纪念品市场——因为实行游客价格，在纳斯鲁拉及其子穆扎法尔在位期间，布哈拉思想界发生了一些变化，其中，杰出思想家阿赫马德·马杜姆·卡拉达尼什（1827—1897）被后人称为"布哈拉黑暗天空中最耀眼的星星"。阿赫马德·马杜姆·卡拉达尼什曾到俄国旅行，熟悉如空想社会主义等各种自由主义思想，对伊斯兰教提出了对现实社会和政治的看法，这些看法超越了宗教。他认为，传统势力的腐朽及早期伊斯兰秩序的破坏，其根本原因是统治者积累了过多的财富。

战火中幸存的城市原貌

布哈拉城的大部分建筑在沙俄和苏联时期的武力征服中幸存下来，除了布哈拉城堡的大部分毁于苏维埃军队的炮轰。总的来说，布哈拉城的原貌没有改变，能够在经历了争夺激烈的近现代还保留着原来的面貌，对布哈拉城是难能可贵的。

19世纪下半叶以后，随着西方文化的渐入，布哈拉城呈现出一幅古今建筑交织的面貌。如今布哈拉城旧城和新城格局的形成，它是以旧城为中心向四周延伸形成的。旧城呈不规则圆形，面积大约40公顷，旧城内主体建筑基本上是一层至两层的房屋，没有富有现代气息的高楼，房屋的主色调是土黄色。如今旧城仍然保留着昔日的风貌，历代王朝建筑的清真寺、陵墓、神学院，以及砖坯砌的平顶民房和带篷盖的集市遗址四处可见，它们展现了布哈拉城昔日的繁华和长期作为宗教中心的地位。

旧城区有两条主干道安巴尔大道和纳合什班底大道，它们

知识的源泉——布哈拉

向东西伸延,与穿城而过的沙鲁赫运河平行。布哈拉城的历史遗迹主要分布在两条大道之间;除两条大道外,还有水泥或柏油铺成的两车道一条路,以及由土黄色砖块铺设的蜿蜒曲折的小巷。在街巷中有呈局部放大的广场和建筑。大部分古迹是布哈拉汗国的产物,它们以博物馆、纪念品销售点等方式继续发挥着文化、宗教的作用。

在这些古代建筑中,最吸引游人的地方是占地 3.96 公顷的雅克城堡(又译为阿尔卡禁城)。雅克城堡位于今布哈拉市西北部,公元前 1 世纪开始在此建造宫殿,一直是布哈拉统治家族居住和工作的地方,屡遭战火;如今看到的城堡建于曼吉特王朝第三代埃米尔时期(18 世纪下半叶),又称为"埃米尔宫"。

雅克城堡呈东西长、南北短的长方形,城堡四周有城墙环绕,是布哈拉城的城中城。城墙有 4 米宽,离列吉斯坦广场平面高度大约 16 米至 18 米;墙体是土坯建筑,墙上有齿状射孔,外面的大部分墙面以烤砖装饰。1920 年,在苏联红军的炮轰中,城堡的东、南、北部城墙及大部分建筑,特别是木制框架部分基本被毁,留存下的建筑之一是城堡大门。巨大的城门朝西,城门两侧分别建有一个圆塔,在门的上方则有平台长廊连接两个圆塔。高大的守望塔,塔的上部由一个作为走廊的平台式房屋连接起来。乌兹别克斯坦独立建国以后,对城堡南部的城墙及一些残存的建筑进行了修复。

雅克城堡宫殿大门的上方建有鼓屋，内置一鼓，在埃米尔到来之时击响。王室成员，以及为他们服务的三千多人居住在城堡内；因此，雅克城堡是一个综合性建筑，除了宫殿，还有清真寺、监狱、仓库、手工作坊、马厩、武器库、造币厂、交易市场、医院和药店等；其中，扎米清真寺中保存了19世纪的木刻廊柱。特别提一下城堡中的地牢，它没有大门，只能通过一条垂下的绳子进出，地牢的土墙上挂着铁链，拴在假人的脖子上。符合今天恐怖电影中地牢的样子。如今，这里没有了毒虫，只有人们扔进来的闪着金属微光的硬币。

庄严的雅克城堡是到布哈拉城的每一个人都会参观的地方，这些游人对留下了对它的不同感受。一位旅人说："曼吉特王朝时期保存下来的所谓王宫在我这个中国人眼中只能算作一个穷酸的小城堡而已，早已不复波斯时代的荣光。"而另有人说："当古城区那些鳞次栉比的古建筑群和宏伟而又幽静的阿尔卡禁城宫殿披着岁月的尘土，带着昔日壮丽豪华的痕迹默然出现在你眼前时——尽管已经破败，但它的古老、它的安详、它的那种沉稳的气度、那种含而不露的矜持，会让你感到心灵里突然有一种超凡脱俗的宁静。"

雅克城堡外是列吉斯坦广场，广场曾经是当时的政治活动中心，在此举行庆典和处决犯人。每当此时，布哈拉统治者就会出现在城门上方的木亭子里，观看盛大庆典、阅兵或斩首罪犯。今天的列吉斯坦广场不只是集会庆典的场所，而且成为娱乐中心，每到节日，人们抱着最漂亮的公鸡到广场上一比高低，场面相当热闹。列吉斯坦广场再往外是集市和奴隶交易市场。

除雅克城堡外，布哈拉城保留下来的唯一的统治者宫殿"埃米尔夏宫"也是游人必去的地方。夏宫又名希特拉-玛希-何萨，在塔吉克语中意为"星月宫殿"，始建于 1892 年，直到 20 世纪初期才完工，是布哈拉末代埃米尔阿利姆的住所。夏宫位于今布哈拉市郊，关于它的选址有许多传说。一则传说是，埃米尔在拟建之前，挑了四只羊分散在布哈拉城四个方向放养，结果布哈拉城北面的羊长得最肥而选中其北；另有传说是，在建宫之前，曾有一位布哈拉老人建议，杀四只羊将它们悬挂在布哈拉城的四面，一段时间以后，只有挂在城北的羊肉新鲜如故，埃米尔以此地空气清新选中北面。

埃米尔夏宫分为两个部分：1892 年建的阿布·阿哈德宫是按布哈拉城的传统风格建造的。宫殿正门前的小台阶两侧立着石狮子，宫内有五六间木结构的房间，王宫不大，其顶和墙壁以浅浮雕的图案装饰，据说浮雕线条表面是用黄金涂制而成，其中一面多宝阁一样的墙壁最具当地的装饰特色。整座宫殿建筑没有用一个钉子，工艺精湛。

1917 年建的赛义德·阿利姆宫兼有欧洲和布哈拉传统风

格。阿利姆是一个很潮的国王,他曾在俄国留学,受西方建筑风格的影响,回国建造了这座融合了伊斯兰建筑与欧式建筑风格的王宫。阿利姆宫从结构到装饰都反映了欧洲对中亚的影响,它的设计师是俄国建筑师 Margulis 和 Sakovitch,建造者是当时布哈拉城最顶尖的工匠,他们共同完成了这一华丽宫殿建筑。阿利姆宫前面建造了一个很大的庭园,园内有池塘、喷泉等设施;宫殿的主建筑群包括数座接待厅和埃米尔的寝宫,王宫的一端有一个三面玻璃窗的正厅,陈列着外国赠送的礼物,其中有中国清朝的高档瓷器。宫殿外表粗糙,内部居室和大厅无论从设计到制作工艺都堪称精湛,一些居室的墙用镜子和艺术雕塑品装饰。夏宫建筑还包括一座小型宣礼塔,沿着旋转的木楼梯可以走上宣礼塔。在宣礼塔东南角的造型奇特的一座小型经学院,名为阿利姆经学院。

  1925 年,布哈拉埃米尔国灭亡,1927 年,埃米尔夏宫被改建成了一座博物馆,供人们参观和了解最后一位埃米尔的奢华生活。

文化的源泉

一座城市之所以存在，源自城市不灭的灵魂。那么，布哈拉城的灵魂是什么？谁赋予了她不一样的灵性？梁漱溟在《东西文化及其哲学》一书中说："如何是西方化？但是我们假如拿此问题问人，大家仓促之间一定答不出来；或者答的时候列举许多西方的政治制度、社会风尚、学术思想等。无奈此种列举很难周备，即使周备，而所举的愈多，愈没有一个明了正确的'西方化'观念。因为我们所问的，要求把许多说不尽的西方化归缩到一句两句话，可以表得出他来。"眼下本书面临的问题正是这样，要用一句话将布哈拉城的灵魂表出来。作者认为这句话应该是：布哈拉是一个文化气场很强的城市；她是欧亚内陆的希腊，中亚的麦加，伊斯兰的罗马，人们吸取文化的源泉。

不用说，布哈拉城在古代和中世纪具有强大的文化气场，如今矗立在布哈拉城的200多座清真寺、100多个伊斯兰学院就是明证，它们曾经像磁铁一样吸引着欧亚大陆教俗两方面

第八章 凝重从容

的学子在此学习知识，在此吸取文化营养；近代的情况如何呢？这个曾经产生了一大批享誉世界的学者、诗人和彪炳千古著作的城市，在近代，她的知识泉水干涸了，这一过程渐进而漫长，在不知不觉和无声无息的似水流年中。那么，是否可以说，如今的布哈拉城只是一座纯粹作为"标本"的活化石，只是反映中世纪文化的博物馆，已经没有多少生命力，已经没文化了呢？

古代田园或牧歌式的生活可以让人们平平安安地度过一生，近代资本主义制造了一个为生存竞争的角斗场，生活成了一场追求财富和社会地位的博弈，大多数人陷入了为金钱和名利的恶斗之中。这场博弈像一个巨大的黑洞，吞噬了人们的思想，吞噬了人们的灵魂。远离恶斗场所的布哈拉城保住了自己的文化，像一朵静静绽放在欧亚大陆深处的艺术奇葩。"知止而后有定，定而后能静，静而后能安，安而后能虑，虑而后能得。"如今，壮美的布哈拉已经定位，她不再具备如交通发达这类现代首都应该有的特性，她只是一个保留了中世纪文化的古城；如今的布哈拉已经安静，那么，今天她将以什么吸引世人，以什么服务于社会呢？对此，来到布哈拉城的游子们从不同角度给出了自己的答案。

"布哈拉城让人联想到冰峰下空旷的莽原上，那种庄严凝重的土黄色寂静，联想到丝绸之路上那些艰辛跋涉着的驼队，联想到丝丝凝聚着心血的精美的波斯地毯和优雅的卡龙琴，联想到神圣的墨绿封面的精装《古兰经》和大毛拉们缠在头顶的雪白的代斯达尔，联想到那些隐没在乡野俗民中的惊世学问，联想到人类文明至今所创造的一切美好的精神财富。在这悠远深厚的金色的秋天，她让我的想象力得到了极大的拓展，我觉得自己的整个悟性，在所看到的每一个美好的情景中得到升腾。"

"我终于明白并且深刻理解了，布哈拉之所以能最终成为中亚著名的历史文化名城的全部内涵和精神底蕴，明白了为什么绵绵几百年了，无数的穆斯林学子和各种类型的文化人总是怀着敬意，抱着期望，带着向往不断地走近她，以求更亮地点燃生命的光华……"

"当我的双脚一踏进这座城市，一种深沉而又幽静的文化氛围立刻包围了我，像凝视着远古的苍鹰在阿克套山脊盘旋，像默望着岁月的落日映红着阿姆河水面，像一位长者在我的面前进入了深长的哲思，我凝视着它的庄重与朴素，在古老建筑与现代风貌的强烈对比中，感受着文明的俊美与岁月的神力。"

"站在古城区经学院门前高大的平台上，望着华灯初上的布哈拉夜景，在星光与灯光的苍茫里，我品味着历史老人的圣明，人类的科学精神就像灿烂星空的北斗，任岁月的天空雷鸣电闪，风骤雨狂，但它始终坚定不移地闪烁在天宇的正北，用它的银色光芒把整个星球照亮。就在这一刻，我仿佛与那些文化先哲们有了一种刻骨铭心的亲近和激荡心扉的沟通。感谢布哈拉用她空灵超逸、深沉幽静的意境,给了我深彻的理解和感动。这种理解和感动将会伴随我终身……"

"布哈拉就如同她那些宣礼塔上悠长的赞主声一样,古朴、静穆而幽远,在一片深深的苍凉里,体现着一种不凡的从容,即使徜徉在现代的楼群中,你也会自然而强烈地感受着一种古老文明的精神力量。"

以上记录优美而真实,让你感同身受。在达尔文之前很久,进化论就教导人们:了解昨天可以解释今天,从人生阅历中可以获得感知,从经验中可以获得对世界的认识,如今的布哈拉城成了人们提取文化精华以滋养灵魂的地方。北京大学教授张岱年在他的《中国文化精神》一书中说:"从过程的意义上看,文化不仅是一种在人本身自然和身外自然的基础上不断创造的过程,而且是一种对人本身的自然和身外自然不断加以改造,使人不断从动物状态中提升出来的过程。在这个无限的过程中,作为基础的人本身的自然和身外自然也在不断地得到改造。在人类社会性活动所创造的成果的意义上,文化是'文',还不是'文化',只有考虑到这些成果同时还意味着对人自身的改造,才是'文化'。"按以上诠释,历经千年沧桑的布哈拉城留给人们的绝不仅仅是"文",不仅仅是建筑,不仅仅是回忆,她是"文化"的源泉。游子们记录了布哈拉城的

"文"给予他们的心灵感悟,抒发了他们与布哈拉城文化巨人交流中所受到的冲击,回味了他们在布哈拉城领略的科学感召力。以上的这些记录让人们确信布哈拉城的"文"已经成为今天人们吸取知识,不断提升,甚至是不断升华的源泉。

21世纪是一个需要文化复兴,需要找回文化自信的时代。由于历史老人的一次邂逅就以"文化圣地"自称的城市比比皆是;"明明是一座新兴的现代城市,却要拼命造一些'古迹',以示自己的老成"的城市也不在少数。布哈拉城不需要这样做,历史老人在她的身边长时间行走徘徊,光顾每一个角落。如今矗立在她地面上的大学者、大阿訇、帝王、后妃的一座座陵墓在叙述着主人的故事;一座座古朴的清真寺和经学院还有人在跪拜祈祷;破旧的清真寺里长眠着伊斯兰的圣人;哈纳克大市场空旷的穹顶下回荡着往日集市的喧嚣;古老厚重的图书馆还有人在翻阅画卷;高耸入云、巍然挺立的卡梁宣礼塔在俯视着变化中的布哈拉城。所有这一切赋予了布哈拉城强烈的文化气场。

来到布哈拉城,可以与古代圣贤交流;行走在布哈拉古城,仿佛自己的心脏也在和这座城市一起跳动,相互感应。"抵达布哈拉的时候已是黄昏,低矮的白色房屋,静悄悄的街道,汽车驶过,风带来尘土的气息,心里才觉得,这才是梦中的一千零一夜。我相信这里依然有阿拉伯神灯,有阿里巴巴,甚至觉得拐弯就能碰到骑着毛驴悠然而行的阿凡提。布哈拉没有那么

第八章 凝重从容

色彩炫目,其古城区内,一片和谐的土黄色古老院落、圆顶土砖室内市集、大卵石巷弄等,似乎能把旅人带入时光隧道。"

"那些伊斯兰的先哲们已经化为泥土或者街巷里和煦的微风,演化成这里的一种无所不在的气韵,让这些与中亚文化血脉相连的智慧灵魂,长久地弥漫在每一寸土地上。正是有了他们,布哈拉才呈现着一种博大的深邃、安然和超拔。"

"站在废墟中,望着城内经学院的穹顶,看着这座城市土黄色的轮廓,我却感到布哈拉仍然是一座中世纪的东方城市,并且会永远延续下去。"

是的,生命会一代代延续下去。然而,如果延续只是单纯的重复,那么延续不过是"苟延";如果一代代人的血液中在不断注入新的"精神",那么,延续会枝繁叶茂。布哈拉城孕育的文明和质朴学风如今不仅在布哈拉人中存活,而且还因布哈拉人重视教育、尊重知识,迸发出流光溢彩。

正如布哈拉城长期被人们视为丝绸之路上的重镇一样,"布哈拉人"这一称谓也成为一个泛化的商业群体;其实,"布哈拉人"不等于"粟特人",生活在有千年之久的伊斯兰文化中心的布哈拉人也与撒马尔罕人不同。下面是布哈拉城游子的记录,让他们谈谈布哈拉人。

"特别令人感动的社会风气 —— 对知识的获取。每天早晨,街头书报亭前总是排着购报人的长队,这种情况大概在许多地

知识的源泉——布哈拉

布哈拉城的纳斯尔丁雕塑

方已是不可理解的了;不论在街头公园的长椅上还是公共汽车的座位上,人们总在读书;而书店里更是人满为患了。"

"在这里,或许一位衣冠不整的流浪者,或许一位赶着毛驴车的老农,都有可能是一位隐逸在民间的满腹经纶的学者。那天,我有幸在一个瓜棚下,听到两位布衣老人在谈论学问,谈论的竟然是承认外部世界的物质存在,还是物质的形式本身就是精神的伊斯兰哲学。在幽默诙谐的笑谈之后,转眼间飘然如仙的身影已消失在人群中。"

"在漫长的午后时光,老人们就坐在树荫下的大床上,品茶、吃干果和自家烤的馕,漫无边际地谈着什么。他们知识丰富，幽默诙谐，喜欢沉思甚至带点忧郁，或许这正应验了布哈拉多出诗人和艺术家的原因吧。"

"卖胡琴的手艺人拉起自己制作的琴，苍凉而婉转。这位大叔怎么能这么有艺术气质呢？""15岁开始，我跟随父亲学习冬不拉。音乐伴随我度过了灰暗的苏联时代。苏联解体后，火箭般的通货膨胀让人几乎无法生活，但因为有了冬不拉，有了音乐，我终于熬了过来。"

"这里的人身上那种艺术家的气质，让人想起中国古代的诗人、隐士、高僧。不同的文化、两样的空间，远在天边的一隅，却给我返璞归真的心灵涤荡，让我流连忘返。"

布哈拉人向往知识，读书似乎成了他们的普遍需要，布哈拉人气质的形成与读书有点关系。德国诗人歌德说："读一本好书，就是和许多高尚的人谈话。"如此说来，布哈拉人每天都在与高尚的人交流。读书荡涤了浮躁的尘埃污秽，读书过滤出一股沁人心脾的清新之气；问渠那得清如许，为有源头活水来！当你看到那样多的庄重典雅的建筑时，你会联想，如果没有群体对知识的渴求，布哈拉城哪能孕育出这般超凡脱俗、含蓄内敛的气质？！如果没有淡泊致远的气度哪能孕育出这般简约精练的典雅建筑？！

布哈拉人崇尚智慧。在布哈拉城上百的古迹中，人物雕塑只有一座，即纳斯尔丁雕像。纳斯尔丁是伊斯兰神秘主义苏菲

知识的源泉——布哈拉

派教义中的一位智者,雕塑上的纳斯尔丁留着翘得高高的山羊胡子,一副幽默相。中国将这位智慧老人称为"阿凡提",很多民族都认为阿凡提属于自己,中国维吾尔族人说阿凡提是维吾尔族人,12世纪出生在中国新疆的喀什;阿拉伯人说阿凡提是阿拉伯人,出生在伊拉克的巴格达;土耳其人说阿凡提是土耳其人,出生在土耳其西南部的阿克谢海尔城,该城有他的陵墓,墓碑上写着:"纳斯尔丁·霍加,土耳其人,生于1208年,卒于1284年";布哈拉人认为善于雄辩、善于讲故事、善于讲笑话的纳斯尔丁是布哈拉人,苏联电影的奠基人雅科夫·普罗塔扎诺夫就拍摄过《阿凡提在布哈拉》的影片。如今已无法考证,然而,不管阿凡提到底是不是布哈拉人,可以肯定的是,阿凡提不是一个人,他是各族智者的象征,就像今天的"世界高智商俱乐部"一样,里面有很多人。其实,阿凡提是不是布哈拉人并不重要,而作为智慧化身的阿凡提是布哈拉城唯一的人物雕塑,说明了布哈拉人对智慧的崇拜。

布哈拉城的辉煌盛世已经成为过去,但布哈拉人的喜爱读书和崇尚智慧的精神并没有减弱。布哈拉人对知识的集体性追求使布哈拉城至今仍然弥漫着强烈的文化气息。征服者帖木儿的墓碑上镌刻有这样一句话:"如果我今天在世,全人类都会颤抖。"今天,人们为之颤抖的已不是帖木儿的武功,而是布哈拉的文化。

布哈拉的女儿

"布哈拉的女儿"是俄国女作家乌利茨卡娅于 1993 年发表的短篇小说题名。《布哈拉的女儿》(本文中有引号的地方摘自：孙超的《试析〈布哈拉的女儿〉中的心灵主题》(《俄语语言文学研究》2009 年第 3 期)一文)描写了女主人公阿莉一家和佣人帕莎的故事，作者在故事中塑造了一位布哈拉妇女的形象。

故事发生在远离布哈拉城的莫斯科，阿莉一家住在莫斯科城内一个小院里。这是一个任何一件小事都会让别人看到，任何一句闲言都会让别人听到，任何一件小事瞬间都会传开的小院，是一个"哪怕是一个晾在公共衣绳上的衬裤上的小补丁也会即刻令全院人无一遗漏知晓的"小院。故事讲述的是第二次世界大战结束以后的事。1946 年，布哈拉城的少女阿莉与丈夫德米特里从中亚回到了丈夫在莫斯科的家，与丈夫的父亲一起开始了新的生活。

在大战之后的经济全面崩溃的年代，德米特里一家的生活与小院其他人截然不同，他们家的"小楼带有一个被栅栏围了起来的不大的园子"，小楼有三间房，其中有专门的书房，他们"不在厨房，而是在饭厅里"吃饭，刚刚从中亚回来的年轻夫妇坐着自己的"欧宝·士官生"轿车，好像来自外星球；年轻夫妇一家相对富裕的田园牧歌式生活与院里半饥半饱的生活形成对比，这些"不知是城里来的还是农村来的流民"住在板楼和破瓦房里。在邻居们眼中，这对年轻人过的是一种"别致的、精美的又富有的"贵族生活，阿莉色彩艳丽又富有东方神韵的花裙，以及他们家样式不一的挂毯给人一种像是在看戏的幻觉；所有人都被阿莉的美深深吸引，"没有一个女邻居会错过时机，路过的时候，顺便往吸引人的窗户上瞧上两眼"，整个小院子的住户都羡慕这一家子。

邻居们能够容忍院子里的这种贵族生活，是因为德米特里的父亲安德列·英诺肯基耶维奇平日里给院里的人看病。安德列·英诺肯基耶维奇是一名忠于职业操守的老大夫，他为人治病图的不是名利，而是听从于自己的良知；"院子里没有一个老太婆没找过老大夫，没有一个小孩没被老大夫诊断过，也没有谁能说出来，为此老大夫索取过什么东西。"正是因为这一点，邻里之间的关系总体上说还是和谐的。

阿莉一家的生活是平静和温馨的。老大夫在年轻的时候去

第八章 凝重从容

过中亚,他非常了解东方人的生活方式,阿莉很快融入了丈夫一家,她格外珍视自己的家庭。阿莉对长辈敬爱有加,"只要一看见他(指老大夫)那满头银发,她就会不自觉地低下自己温顺的眼神",她知道他年事已高,受过良好的教育,而且他还让她想起了自己的父亲;阿莉对自己丈夫满怀深深的爱意,"抱着自己一生中第一个也是唯一的一个男人的时候,她悄声说:'我把德米特里写在了我的胸脯上',而且这是用别人都听不懂的东方语言说出来的,这些话不是简单的温存,而是祷言……"

然而,光明的生活陡然逆转,他们的智障女儿的出世改变了这对年轻夫妇的一切。丈夫德米特里是一个不错的人,一个负责任的医生,但他缺乏意志力。当初,吸引他的首先是阿莉美丽的外表,他被一种充满异国情调的美深深迷住,对于阿莉的内在品德他并不在意,对于阿莉内心深处的精神世界也不感兴趣。在德米特里看来,外在因素很重要,因此,他对一个智力先天性发育不足的女儿产生了嫌弃。阿莉给女儿取名米拉,这是个俄文名字,意思是"人见人爱",但生活开了一个玩笑,米拉甚至不能让自己的亲生父亲感到自己的可爱。

面对苦难,我们苦闷、彷徨、悲伤、绝望,经常需要如下一些教诲:要学会在顺境中面对不期而至的磨难!但布哈拉人似乎不用学,他们生来就能够从容面对不期而至的磨难。阿莉好像根本就没有注意到女儿的智力缺陷,"她对女儿爱不释手,甚至就是在夜间也尽量把女儿放在自己的身边";尽一个母亲的职责成了她生活的全部意义,如何保证女儿的生活幸福决定了阿莉的行为。

一帆风顺的人生可能不存在,生活中出现的这一"残忍"情况不断测试着主人公们克服困难的能力,考验着他们身上的人性、精神和心灵。生活本已沉重,何苦一往情深!德米特里选择了逃避。当他将自己要离开家的打算告诉阿莉的时候,阿莉静静地听完了丈夫的话,没有表示出一点反对。爱的深处便是淡泊,她低沉着双眼对丈夫说:"我知道,我已使你厌倦。把你的新妻子带来吧,我不反对。"阿莉认为,保存家园,为丈夫和孩子创造必要的条件是她生活中的责任和应该做的事情。面对阿莉,丈夫竟不知道如何回应:"德米特里没听明白妻子的话,让她说得再清楚一些。"在弄明白妻子的意思之后,爱情的深度还是未能延续婚姻的长度,德米特里投入一个女同事的怀抱;照顾一个弱智女儿,每一天都要全心全意地付出,他做不到。

德米特里走了,阿莉却无路可走。她不会遗弃自己的孩子,更不会抛弃一个智力上有缺陷的孩子。这个"披着一头蕴藏着无穷力量的光亮的黑发,它们沉得使她不得不总是仰起自己小小头颅"的东方美人,这个外表虽然孱弱瘦小但却具有坚

第八章 凝重从容

韧不屈意志力的女人承担了独自抚养女儿的责任。老大夫病逝后,养育孩子并供养家用的担子全部落在了阿莉的肩上。

在异常艰难的生活环境中,她领教了人性的弱点。不无恶意的邻里因为嫉妒她过去的美满生活而开始报复她,羡慕变成了仇恨:"先前邻里们对阿莉及其女儿有种不能满足的好奇心,这种心情由于高高的栅栏以及他们一家完全与邻里们隔离的生活方式而变得更加离奇,现在被一种将外来户彻底挤出去的怀有敌意的愿望完全取代了,为了强占阿莉的住宅,邻里们使出了浑身解数,他们投诉讼信,向有关部门告密,将死猫隔着阿莉家高高的栅栏扔在小院里……"

在异常艰难的生活环境中,她也领略到人性的善良。在阿莉家"一直打理着医生的轻松家务"的保姆帕莎成了她的朋友。阿莉刚从布哈拉城来到莫斯科小院时,帕莎并不爱她。阿莉一做家务,无形中就抢了帕莎应做的工作,不满的情绪渐渐地转变成了公开的仇视:"哎呀,看见她我心里就憋屈,一句话,竟然娶了一个亚洲女人,布哈拉!"德米特里走了,帕莎没有走,成为这个家庭变故的目击者和苦难生活的承担者;随着时间的流逝,帕莎从原先的对手转变成了阿莉的知心朋友。阿莉全身心的付出和帕莎的帮助,为智障女儿营造了一座安详、舒适的小岛,在它上面,女儿不仅没有感到自己智力上的不足,而且还能快乐地生活。

平静的生活又起波澜，阿莉患上了不治之症。在得知这一消息后，阿莉开始为女儿今后的生活策划。她像一位猎手，翻遍了医院的卡片，循着女儿的病情，为她挑选一位般配的丈夫；条件是未来的女婿在心智上应该同女儿一样没有恶意、心地善良，而且能和她共度余生。小说的结尾是令人宽慰的，阿莉如愿以偿，为女儿找到了一个能够陪伴她的人。

小说塑造的布哈拉女儿是一个周身洋溢着母爱光辉的女性形象，她为布哈拉城增添了尊严。作者认为，阿莉的血管里流淌着"精细的、千百年来在亚洲最好的宗教学校里熏染的血液"。她的父亲是乌兹别克族学者，拥有自由思想，"不仅使自己众多的儿子们，也让女儿们接受了教育"；他本人在生命的最后阶段仍专注神学，一直到辞世前还在抄写穆罕默德神游耶路撒冷圣地的故事。

阿莉从中亚来到莫斯科小院，邻居们不叫她的名字，而是叫她布哈拉。俄国女作家给自己的小说冠名为《布哈拉的女儿》，这一饱含深情的称谓不只是因为阿莉出生在布哈拉城，还反映了作者将这个外表弱小的女性视为布哈拉文化和传统的象征，反映了作者对布哈拉人，对布哈拉文化的认同；也表达了作者对来布哈拉城女性所具有的坚毅性格的由衷赞美。

《布哈拉的女儿》给我留下了难以言表的心痛。布哈拉史一书就要写完了，我突然发现，十万多字的这本书抵不上俄国

第八章　凝重从容

卖纪念品的布哈拉妇女

女作家的这一短篇小说。对此，作者感到无奈和遗憾。布哈拉城太值得写了，如果哪位艺术家，或者文学家，能够写一部全景式的布哈拉城，作为抛砖引玉，本书才没有遗憾了。